Julia Weber est née en 1987 dans le sud de la France.
Travaillant dans le paramédical depuis dix ans, l'écriture est d'abord pour Julia un exutoire avant de devenir sa passion. Elle essaie dorénavant de partager le plaisir qu'elle a si souvent ressenti dans ses lectures en relatant des histoires de gens ordinaires ou extraordinaires, où s'entremêlent gaieté et tristesse.
Julia espère faire passer sa joie de vivre et ses rires au travers de ses écrits.
A Walk on the White Side est son premier roman édité.

Julia Weber

A WALK ON THE WHITE SIDE

INCEPTIO

Direction éditoriale : Guillaume Lemoust de Lafosse

Couverture réalisée par 2LI
www.2li.fr

ISBN : 978-2490630-17-2

Inceptio Éditions
13 rue de l'Espérance
La Pouëze
49370 ERDRE EN ANJOU

www.inceptioeditions.com

À Brice,
À Morgan et Rachel,

PROLOGUE

13 MAI 2019

Solveig

Nous sommes plantés devant le *St Patrick*, à faire les cent pas sur un trottoir, face au pub dans lequel nous crevions de chaud il y a encore quelques minutes. Je vais partir, je vais le chercher, je viens d'annoncer ma décision.

La nuit est déjà bien entamée, nous avons fait la fermeture. Pas que nous ayons eu tant à nous dire, mais plutôt qu'aucun de nous ne parvenait à mettre des mots sur ce qu'il avait sur le cœur. L'ambiance pesante des non-dits n'a rien d'agréable et pourtant aucun de nous n'arrivait à se résoudre à y mettre fin.

Les voitures roulent à vive allure sur l'avenue, leurs phares font échos aux lumières qui nous ont éblouis toute la soirée.

Simon semble sonné. Être ailleurs. Si tant est qu'il puisse l'être plus qu'à son habitude. Il est le premier à me saluer avant de partir, Elise sur ses talons. Mon amie est fermée comme une huître. Elle a été exécrable comme elle sait l'être par moments.

Camille les observe s'éloigner sans un mot. Je la questionne :

— Tu es sûre que tout va bien ?

— Oui, oui. Mon taxi va bientôt arriver, je suis juste un peu fatiguée.

— J'attends avec toi.

— Ne t'embête pas.

— Je ne m'embête pas.

Elle se contente d'un léger sourire en guise de réponse.

Je ne sais pas pourquoi, j'ai le ventre qui se noue, la gorge qui se serre. Je suis au bord de l'explosion. On pourrait croire que c'est le fait de mon départ imminent, seulement je n'en suis pas convaincue.

Une Peugeot 508 noire, lustrée avec soins, se gare devant nous. Elle est conduite par un type qui pianote sur deux téléphones en même temps. Je me demande si ce n'est pas dangereux de la laisser embarquer, d'autant qu'il a des lunettes de soleil vissées sur les yeux en pleine nuit. J'embrasse mon amie sur la joue avant de la voir s'installer sur la banquette arrière.

L'air frais me fait tressaillir – ou la trouille. Je me mets à fumer comme si ma vie en dépendait, comme si la nicotine avait le pouvoir de m'apaiser, tout en marchant pour rejoindre mon lit.

Tant pis si, pour cela, il me faut traverser le centre-ville et si je bataille ensuite à trouver la serrure qui se défile quand je souhaite y insérer sa clé, comme à chaque fois que je rentre de soirée.

Depuis que j'ai trempé les lèvres pour la première fois dans un verre d'alcool – au cours d'une fête sauvage au collège – je ne sais pas faire dans la demi-mesure. C'est soit rien soit tout. C'est valable pour la totalité de ce que j'entreprends. On aurait pu me croire prudente sur le sujet, vu mes antécédents familiaux, pourtant non.

Ce soir ne fait pas exception, même si je n'en suis pas non

plus à marcher de travers. Mais c'est à quelque pas de chez moi que je réalise que j'ai peut-être quand même dépassé la dose prescrite.

Une brume épaisse a envahi la rue. Il y en a marre de cette fichue purée de pois, j'ai l'impression que 2019 est l'année officielle du brouillard. Je trébuche sur quelque chose et manque de tomber. Je ne vois même pas mes pieds. Cela devait être une bordure. Mon cœur est sur le point de transpercer ma poitrine. J'ai bien cru que la prochaine fois que l'on entendrait parler de moi serait pour lire un truc dans ce goût-là : « Solveig Morel, à peine vingt-sept ans, retrouvée gisant sur un trottoir, son alcoolémie tutoyant les étoiles. La jeune aide-soignante anonyme cachait en réalité bien son jeu et n'était autre que L ».

— Solveig !

— Qui est là ?

Au fond de moi je sais à qui appartient cette voix, je dois être sacrément à l'ouest, car il lui est impossible d'être là.

On me touche l'épaule, je hurle à m'en faire péter les tympans et à m'en décoller les cordes vocales. Je tourne sur moi-même, les bras en avant et ne parviens pas à toucher quoi que ce soit.

— Cette blague est vraiment nulle... Qui est là ?

Ma question se perd dans la rue et personne ne me répond.

Peu à peu, le brouillard se dissipe et mes mains réapparaissent. Je cours les derniers mètres qu'il me reste jusqu'à chez moi et m'enferme à double tour. Essoufflée, je m'écroule à genoux. Deux fois dans la même journée... Quand cette histoire sera finie, que je serai sûre qu'il est en sécurité, je prendrai rendez-vous chez un psy.

11 FEVRIER 2019

Simon

Quand j'ai eu quinze ans, mon amour modéré pour l'école a sauté aux yeux du monde. Cela faisait déjà quelques années qu'il avait sauté aux miens, mais ma mère espérait toujours un miracle. Je passais mon temps à traîner ailleurs qu'en cours, à fumer des cigarettes aux abords du collège. Je m'étais créé un petit paradis où emmener mes nombreuses petites amies. Le coin était plutôt cosy, il bénéficiait d'un banc – presque pas tagué –, d'un bout de gazon d'un mètre sur un où poussaient quelques pissenlits voire quelques pâquerettes, et il n'y avait que peu de vis à vis. Il me plaisait, ce refuge. J'éprouve même une certaine tendresse à me le remémorer.

Ce jour-là, je séchais pour la énième fois le cours d'arts plastiques de Monsieur Ferry. J'étais concentré, la langue sortie, et roulait ma cigarette. Agacé, il a débarqué le front plissé – plus que par ses rides –, les poings sur les hanches, les joues rougies de colère, et m'a interrompu :

— Dupuis !

— Bonjour M'sieur,

— Avez-vous l'impression d'être au bon endroit ?

— Pour fumer, oui.

À quinze ans, je me pensais au-dessus des lois, des professeurs, des autres.

— Vous me pompez l'air ! En plus de manquer de respect

par votre absence, vous donnez mauvais exemple aux autres. Alors mon coco, si vous n'avez pas envie que je raconte que vous étiez en train de balancer les exploits de vos camarades de classe au principal, vous allez ramener votre derrière en cours.

Ce que j'ai fait.

Après la journée, il m'a gentiment demandé – imposé – de retourner dans sa classe. Je devais rattraper le travail non fait depuis septembre. Un sacré paquet. C'est donc ce que j'ai fait, tous les soirs pendant des semaines. Et à ma grande surprise, avec plaisir. Le vieux était passionné de peinture et il trouvait que j'avais du potentiel dans ce domaine. J'ai peu à peu déserté le banc pour un chevalet et une passion.

Ça n'a pas toujours été facile, Monsieur Ferry était un homme exigeant, rigoureux, technique et ma seule envie était de flanquer ma rage adolescente sur une foutue toile alors qu'il m'obligeait à prendre mon temps. Ça faisait des étincelles. Je n'ai jamais autant respecté quelqu'un.

Une galerie d'art m'a contacté aujourd'hui. Mes tableaux les intéressent. Des années de travail récompensées, reconnues. Je voulais sortir fêter cette nouvelle avec Elise, mais elle avait une soirée. Tous ces sacrifices et maintenant, enfin, mon travail paie. Nous aurions pu partager cela.

Non.

C'est un soir d'hiver. Dehors, il fait froid. Dans le *Black Barrel*, à l'inverse, il fait une chaleur d'enfer. La faute aux gens qui grouillent dans ce bar. Je ne viens jamais ici. Ça bouge trop autour de nous, ce n'est pas ce que je préfère. Je suis plutôt branché calme et bonne compagnie. Je suis au moins satisfait pour ce qui est de la compagnie. Je me concentre sur *elle*. Elle offre un spectacle agréable, rit à gorge déployée. Elle ne se lâche qu'à cause des mojitos qu'elle a bus – probablement en trop grande quantité.

La jeune femme qui se trouve en face de moi est belle, un peu délurée ce soir. Mais moi aussi, je réalise que j'ai bu plus de whisky qu'il ne m'en fallait. Il n'y a qu'à dire que c'est lui qui me fait fixer le collier qu'elle porte et qui tressaute entre ses seins chaque fois qu'elle fait éclater son joli rire. Pour pouvoir encore un peu profiter du spectacle, je raconte blague sur blague. Tout en elle m'attire et je m'extasie devant cette façon de parler que je ne lui connais pas ou peu. Une mèche de cheveux s'est collée sur sa joue. Je saisis l'occasion pour passer mes doigts dessus. Je suis chanceux de la voir comme ça. Nos regards se croisent. C'est la surprise que je détecte dans ses yeux pâles. C'est le genre de femme à être étonnée par ce qu'elle peut déclencher chez un homme.

Elle détourne les yeux et son sourire s'efface. Je n'arrive pas à savoir si c'est à cause de moi ou si elle pense à quelque chose, peut-être quelqu'un d'autre.

Cette soirée n'a qu'une issue, il n'y a pas de doute à avoir. Ce n'est pas un problème. Elise et moi avons une relation un peu particulière. Nous sommes ensemble depuis trois ans. Ensemble et libres. Je pourrais être célibataire, certes, mais les quelques conversations pathétiques que j'ai eues avec mon père m'en ont dissuadé.

Avec Elise, nous avons une façon de fonctionner qui nous appartient. Par moment, je suis dépassé par ses effusions d'affection, qui ne sont pas tellement raccord avec mon tempérament. Pour autant, s'il n'y a que ça, je n'ai pas à me plaindre.

La fille en face de moi ne pourrait jamais se satisfaire d'une relation comme celle-là. Je crois que je ne peux rien offrir d'autre. De mieux. De plus socialement correct. Quand bien même, la situation actuelle ne nous laisse qu'une option. Un soir. Une nuit. Ça fait peut-être de moi un salaud, pourtant je compte bien en profiter.

28 FEVRIER 2019

Solveig

C'est quand j'ai créé un personnage pour écrire – me planquer derrière – que ma vie s'est à nouveau mise à déraper. Un choix qui peut paraître anodin, une goutte d'eau qui déséquilibre tout un système.

J'ai fait entrer L dans la partie, un personnage pas si éloigné de moi, qui tire ses traits de mes failles, de mes travers, de mes peurs. Cet alias n'est pas mon opposé, juste un avatar qui me permet de me lâcher sans conséquence. Si je me suis cachée, c'est à cause du contenu de mon livre. Je voulais écrire un truc trash. Un de ces livres qu'on ouvre et qui ne laissent pas indifférent. Et c'est devenu un best-seller. La vie est étonnante. Cette histoire m'a surtout servi d'exutoire.

À vingt-sept ans, seuls deux hommes, deux amours ont vraiment compté. Jérémy, Jérémy Varens, celui qui a inspiré mon roman et Erwann, l'homme qui m'a ramassé à la petite cuillère et offert l'idée d'un avenir doux auprès de lui.

Ce qui était au départ un passe-temps est devenu le roman le plus vendu de l'année. J'essaie de concilier ma vie de femme, celle d'amie, mon travail, L. J'ai abandonné celle de petite amie bien sous tous rapports, cette casquette ne me convenait plus. Quand on décide de se reprendre en main, les choses changent en nous. On ne maîtrise pas bien ce qu'il se passe alors qu'en définitive, nous sommes responsables. Toute décision entraîne des conséquences. J'ai pu en anticiper certaines, d'autres moins. D'abord, je me suis dit que j'allais gérer. Ensuite, j'ai souffert, et pas qu'un peu. Ça prend à l'intérieur, ça retourne tout, ça arrache le cœur.

J'ai quitté l'homme que je croyais aimer et avec qui j'imaginais avoir des tas d'enfants jouant devant notre maison, et c'est moi qui ai pleuré comme une loque durant des heures. Pourtant, il faut bien que j'avance.

Ce soir, je sors. J'ai enfilé une paire de talons et me donne un genre qui n'a jamais été le mien. Pour preuve, je manque de m'étaler lamentablement en butant sur un maudit caillou – qui n'a rien à faire là ! En six ans, on a le temps de se relâcher. De poser les talons au placard et privilégier la paire de chaussures confortables. Je crains la chute à tout moment. Ce serait dommage, tous ces efforts de préparation, coiffure, maquillage, habillage, réduits à néant par une paire de talons. Les gravillons et autres pièges minent mon trajet. J'ai hâte d'arriver. Je dois retrouver des amis. Rien de bien original, mais voilà, c'est ma première sortie de nouvelle célibataire.

Une pluie fine commence à tomber et me pousse à presser le pas pour rejoindre le *St Patrick*. Je m'immobilise un instant, devant l'enseigne lumineuse. Je n'ai pas vu la route ni le temps passer. Dedans, il y a mes amis. Je les vois de l'extérieur. J'extirpe de ma pochette un paquet de cigarettes, puis une clope et actionne la roulette de mon briquet. La flamme danse.

Mon cœur se serre un peu. Je n'avais pas compris les conséquences de l'écriture sur ma vie. Bien sûr, je n'ai pas quitté Erwann à cause de mon livre, mais ça n'empêche. J'ai renoué avec ma passion, avec moi-même. Et ça a bien fonctionné, en tout cas mieux que ce que je pensais. J'ai été éditée, publiée et je suis partie. Loin de nous, d'un semblant de moi que j'avais modelé toutes ces années. Je l'ai blessé, je nous ai fait mal, mais il le fallait.

Mes amis ne savent pas pour L, l'écriture, Erwann non plus. J'ai gardé ça pour moi, comme un jardin dans lequel personne ne pourrait pénétrer. Il m'a vu être de plus en plus collée à mon ordinateur quand il n'était pas en déplacement – parce que c'est comme ça que ça a commencé. Il n'était pas là et moi j'avais besoin de m'occuper, puis de me retrouver.

Me tourner vers moi-même m'a entraînée sur un chemin trop éloigné de lui, de notre couple. J'ai mis du temps à comprendre. J'ai été en colère, contre lui, contre moi. Maintenant, j'avance.

Le temps de fumer, je peux écouter l'interview que j'ai donné sur France Rose à l'animateur de l'émission littéraire, Marc Page. Je visse mes écouteurs dans mes oreilles et lance le podcast :

« L, je vous appelle L puisque nous ne connaissons pas votre prénom. Vous êtes l'auteure de L'homme du bar. Alors avant d'échanger autour de votre livre, parlons de vous. N'hésitez pas à rectifier si je me trompe. Vous êtes d'un âge indéterminé, vous êtes une femme. Ça, on le sait. Et, en fait, on ne sait rien d'autre. Vous ne donnez des interviews que par téléphone ou par écrit. Alors, dites-nous, L, pourquoi autant de secrets ?

— J'ai choisi un pseudo, ce n'est pas extraordinaire, mais ça présente de nombreux avantages. J'écris comme je le souhaite et m'affranchis du regard de mes proches. Surtout quand j'écris des situations qui pourraient s'avérer gênantes.

— Vous parlez des scènes osées de votre livre ?

— Oui entre autres, donc j'imagine que vous comprenez la gêne.

— Oui, mais je me ferai quand même un plaisir d'en lire une tout à l'heure.

— Tiens donc… vous faire plaisir.

— C'est bien pour cette raison qu'elles sont rédigées, non ? Susciter le désir chez vos lecteurs…

— Ah non, je suis purement égoïste et j'écris pour me faire plaisir à moi.

— L, êtes-vous timide dans la vraie vie ? »

Je m'entends pouffer.

« *Je parle ouvertement de tout, mais quand on écrit, on se met à nu. Alors je suis nue, mais derrière un rideau.*

— Il fallait envisager une carrière de danseuse au Crazy Horse !

— Je ne danse qu'en privé, cher Marc. »

C'est à son tour de rire. Je suis à l'aise dans mon petit numéro.

« *On vous a beaucoup critiqué parce que par moment trop érotique, à d'autres, trop sanglante. Vous avez une écriture qui a le mérite de se reconnaître parmi d'autres. Ça vous fait quoi ?*

— On en revient au pseudonyme, les jugements et les critiques glissent plus facilement. Ils sont destinés à mon alter ego. Je les prends avec plus de distance comme je viens de te le dire Marc. Je peux te tutoyer ?

— Oui, oui, d'ailleurs, ça fait votre marque de fabrique cette impertinence et cet humour provocateur, légèrement dragueur…

— Je ne sais pas si c'est ma signature, mais c'est vraiment plaisant de pouvoir me lâcher durant les interviews, d'être transgressive, d'incarner un personnage qui n'est pas moi. Ou qui l'est plus que je ne pourrais l'être autrement.

— On marque une courte pause et on vous retrouve dans quelques minutes. Merci d'être avec nous, L. »

C'est étrange et un peu désagréable de m'entendre. Je ne reconnais ni ma voix ni mon comportement. J'en ai trop fait, je crois.

J'écrase ma clope et m'engouffre dans le *St Patrick* pour retrouver ma vie, la vraie. Je pousse la porte et repère mes amis, pourtant je décide de me diriger vers le comptoir, un peu tremblante. Heureusement, les bouteilles exposées me donnent matière à réfléchir, me distraient.

Baptiste

Être son propre patron a ses avantages. Je me suis octroyé une journée de congé pour rejoindre une jeune femme rencontrée il y a de cela quelques jours lors d'une soirée. J'enfile mon caleçon à la va-vite, car je suis en retard.

— Tu pars déjà ?

— Je suis attendu.

— Mais on peut remettre ça, si tu veux !

— Écoute, Leslie.

— Lydie.

— Oui, Lydie, je dois y aller, donc... Non.

La jolie brune – entièrement nue sous les draps – se redresse afin de me faire profiter de son majeur pointé vers le plafond, puis se réinstalle.

— Charmant.

Je manque de tomber en enfilant mon jean et me rattrape in extremis à la commode en bois qui trône à gauche de la porte de la chambre.

— Fallait te trouver une princesse.

Passe une bonne soirée.

— C'est ça, casse-toi !

Je crois que nous ne nous reverrons plus. Et ce, sans aucun effort de ma part. En traversant l'appartement, je remarque une baguette posée sur le plan de travail de la cuisine. J'en prends un bout avec l'espoir qu'il me remplisse un peu le ventre. Je n'ai rien mangé depuis ce matin. La râleuse qui se trouve dans la pièce d'à côté et moi-même avons passé un moment très intéressant et physique. J'ai faim.

Pour redescendre dans la rue, plutôt qu'emprunter les escaliers, je prends l'ascenseur. Cela me laisse une petite minute pour réajuster ma chemise et aplatir quelques cheveux. Solveig ne me ratera pas si j'arrive trop débraillé.

Je ne m'en suis pas mal sorti aujourd'hui, car Leslydie n'habite pas loin du bar où nous devons nous retrouver.

Dans la rue, un vent froid me glace le visage. Le cœur de ville grouille de monde. Il pulse et renvoie les gens dans les artères qui se dirigent vers la banlieue. Dans leur vie rangée, avec femme, enfants, pelouse tondue, break familial. La totale. On se croirait en plein jour, nous sommes samedi soir.

Oh, je sais. L'image que je renvoie là de suite n'est pas glorieuse. Ce n'est pas moi. « On est toujours le con de quelqu'un », je ne sais même pas qui a eu l'idée lumineuse d'écrire cette phrase, mais je trouve cela plutôt vrai. Je ne vends du rêve à personne. Je ne promets pas la lune à une fille avec qui j'ai envie de passer la soirée, pourtant je suis celui qu'elles pourront, pour certaines, élire comme leur con. Ça a ses avantages. Surtout un que l'on appelle liberté.

J'avoue que je commence à aspirer à autre chose. Je me suis bien changé les idées depuis Elise et cela n'est pas pour me déplaire. Par moments, le soir, je me retrouve chez moi, seul. Et là où j'ai pu y voir pendant un certain temps une chance, je ne commence à y voir que de la solitude. Il y a un côté pathétique à cela.

Je ne partage ma vie avec personne, mais j'ai de la compagnie. Notamment, une meilleure amie : Solveig. Caractère pourri, un brin alcoolique, blonde, tout pour plaire. Elle traverse une passe étrange du genre approche de la trentaine, remise en question de toute sa vie, séparation. Quand j'ai eu besoin qu'on me soutienne, elle a été là, je crois bien que c'est mon tour. Je presse le pas à l'idée d'être en retard.

Devant le *St Patrick*, je prends tout de même le temps de

souffler, d'évacuer l'impression d'être encore là où j'étais il y a quelques minutes. De digérer ma récente rupture.

Camille

— Et alors ? demandé-je à Pierre.

— Rien, comme d'habitude c'est elle qui fout la merde. C'est tout.

— Vouloir être heureuse c'est « foutre sa merde » ?

— Solveig a toujours fonctionné autour de son nombril d'autant que je m'en souvienne.

Comme toi, pensé-je. Je me tais pourtant. Encore.

Ce n'est pas l'envie qui me manque. Ça me brûle la langue. Et si je le remettais à sa place une bonne fois pour toutes ? Une bonne engueulade n'a jamais tué personne.

Mais non. D'abord je fuis les disputes autant que faire se peut, puis ça n'en vaut pas la peine. J'aime la paix, la tranquillité, les choses simples. À peu près tout l'inverse de Pierre. Je ne suis pas bien sûre de savoir qui de lui ou moi a tant changé. Ou peut-être un peu nous deux.

Il y a un jeune couple installé à quelques tables de nous. Je dis jeune couple parce qu'ils semblent proches, comme au début d'une relation, quand on n'a pas encore découvert tous les défauts de l'autre. Que Monsieur ne vous a pas balancé que vous avez pris des fesses, ou que votre soutien-gorge vous boudine. Quand il n'est pas revenu avec du rouge à lèvres sur son col de chemise, une fois, deux fois, dix fois.

Loin de moi l'envie de faire des généralités, seulement Pierre et moi, nous en sommes là. Et nous n'avons pas encore d'enfants. Heureusement ceci dit. Seulement je dois l'avouer, ça me travaille. Je voudrais une famille, mais ce n'est pas que cela. J'ai toujours entendu parler de cette histoire d'horloge interne pour la nana trentenaire. Je trouvais ça drôle, même un peu ridicule, j'ai toujours plus réfléchi les choses que je ne les ai vécues, alors ça ne pouvait pas exister. Pour moi, horloge interne et Yéti, même combat. Pourtant là, je dois dire que ce n'est probablement pas une légende.

Le bilan de ma situation actuelle n'est pas très glorieux, je l'admets, et mon envie d'ailleurs prend de l'ampleur. Si je le pouvais, je ne serais pas là. Au fond de moi, je veux juste prendre mes jambes à mon cou, reste que je suis ici pour soutenir mon amie.

Je suis forgée pour prendre sur moi, serrer les dents. Vrai décalage entre ma vie professionnelle et ma vie personnelle. Dans mon métier, je ne lâche rien, me donne les moyens.

Pourtant, ces derniers temps, je me sens de plus en plus agacée, irritable. En moi, le tonnerre gronde. Je me retiens d'exploser. J'avoue que je me fais même un peu peur. Un cap a été passé et l'espoir d'une autre vie est venu me percuter de plein fouet.

Nos amis arrivent les uns après les autres. Je regarde passer Solveig. Elle au moins, elle a pris sa vie en main. J'ai toujours aimé sa force de caractère. Peut-être même que je la lui envie. Je voudrais lui ressembler. Oui c'est cela. Pas lui ressembler traits pour traits, pas avoir le même maquillage, le même nez, les mêmes yeux. Je voudrais avoir le courage de trancher. Que ma vie soit plus simple. Trop de complexité nuit à mon estomac.

Tandis que la musique se fait plus forte, j'entame une discussion des plus banales avec Baptiste qui ne paraît pas tout à fait présent. Ceci dit, lui et moi n'avons jamais de conversations existentielles. Je dirais que les seuls terrains sur lesquels nous nous entendons sont nos amis et la politique – contrairement à la bonne moitié de la population. Probablement par ma faute, car son comportement avec les filles m'insupporte.

C'est mon côté féministe – le seul ? Finalement, j'irais bien danser. Histoire d'arrêter de m'astiquer le cerveau, de tout remettre en question. Je jette un œil à Pierre et me mets à danser, dans ma tête.

Solveig

— Mets-m'en un troisième, s'il te plaît.

Le shot glisse sur le bar vers moi.

— Tu es sûr que ce n'est pas dilué à l'eau ?

Le barman fronce les sourcils et nous nous toisons une poignée de secondes. Je lui souris, moqueuse. Puis je réalise que son humour a dû se perdre au même endroit que sa bouteille de Tequila non coupée. Il est temps de retrouver mes amis. Je bois mon verre et pars rejoindre la tablée. Ils ne sont pas encore tous arrivés et ça m'arrange pas mal. En fait, j'angoisse un peu.

Avant, lorsque nous nous voyions, j'étais avec Erwann. Toujours. Et là, je suis seule. Et même si je suis d'excellente compagnie à moi-même, je ne sais pas trop ce que cette soirée va donner.

Heureusement, j'aime être ici. Le bar est décoré dans un style vintage, il y a des livres anciens exposés et l'accueil est agréable. D'habitude. Et le plus important pour moi, la musique. Du rock, du blues, et l'été, des concerts à l'extérieur.

Je m'avance un peu. Pierre et Camille sont assis l'un à côté de l'autre, devant une table qui laisse assez de place pour que nous puissions tous nous y installer.

Pierre dans son inexorable costume, les bras croisés, affiche son petit air supérieur. Certes, il n'a pas besoin de bouger pour en imposer, mais il m'agace sans même avoir ouvert la bouche. Il me suffit de le voir.

Camille est à sa gauche. Camille, dont la blondeur et les taches de rousseur riment avec candeur, l'habit ne fait pas le moine, quand elle a un coup dans le nez, cela devient intéressant. Elle lâche les brides. À mon humble avis, elle devrait boire plus souvent.

Ils se sont rencontrés au lycée, Pierre et Camille. Elle a des cornes qui touchent le plafond et le sait, mais préfère fermer les yeux. Elle a beau être une de mes meilleures amies, je ne m'entendrai jamais avec son mec.

— Oh, c'est pas vrai ! Tu as réussi à trouver le bar toute seule ? se moque Pierre.

Je lui fais un doigt d'honneur, accompagné d'un sourire surjoué. Même lui n'arrivera pas à gâcher cette soirée. Nous n'en sommes pas à notre premier accrochage. L'apothéose a été la semaine où nous sommes partis en vacances ensemble, la tablée de ce soir. Nous n'avions cessé, Pierre et moi, de nous prendre la tête. Les insultes fusaient, paraît même que nous avions failli en venir aux mains.

Je ne m'en souviens pas. C'était il y a trop longtemps et je devais encore avoir un coup dans le nez. C'est Baptiste qui me l'a raconté. Un de mes meilleurs amis. Baptiste est célibataire, il se plaint de ne pas trouver la femme de sa vie, mais il change de nana comme de chemise. Voire plus souvent de nana que de chemise.

Il est grand, musclé, mignon, alors ça marche plutôt pas mal pour lui. En parlant du loup, il approche.

— Désolé du retard.

— Tu n'as aucune excuse !

— Si, ravissante, mais vulgaire.

Il me regarde avec un sourire taquin.

— Ah ! Pourtant je n'étais pas avec toi.

— Tant mieux, je n'avais pas envie de te voir.

— Tu parles ! Je te manquais tellement que te voilà enfin.

— Ne rêve pas, approuve-t-il en posant un baiser sur ma joue.

— On en attend plus que deux, soupire Camille.

— Je vais me chercher un verre pour patienter, alors ! me défilé-je en déposant mon sac sur une chaise libre.

Le barman me reconnaît de suite et je me demande si je ne le vois pas soupirer.

— Tequila ?

— Non, monsieur. Un daïquiri citron, s'il vous plaît.

Il revient avec mon verre puis entreprend le nettoyage de son plan de travail. En le regardant briquer, je me remémore cette scène que j'ai écrite dans *L'homme du bar* et que Marc Page a lue après la pub. Je l'ai pensée ici même. Le souvenir de Jérémy, de nos frasques passionnées, parfois douloureuses, de cet homme qui a marqué ma vie au fer rouge, m'a permis de l'écrire.

Baptiste se dirige vers moi.

— Je croyais que tu passais la soirée avec nous !

— Bof, ça ne me tente pas plus que ça.

— Ramène tes fesses.

— Je te manque déjà ?

Si L et Solveig ont en commun un caractère trempé, et que je ne force pas le trait de l'humour en entrant dans mon personnage, je suis quelqu'un qui aime avoir ses moments de solitude.

Je ne suis pas toujours fourrée avec mes amis, qui peuvent d'ailleurs me le reprocher régulièrement. Il est plus facile pour moi de tenir un peu de distance avec les gens. Certaines conséquences de mon enfance chaotique…

Quand je consulte les articles sur L, je ris. On s'imagine une femme que je ne suis pas. Je suis quelqu'un de simple. Si l'on m'avait vue gamine, je passais mon temps dans ma chambre, enfermée avec un livre à la main. D'abord parce que c'était plus aisé pour moi que de regarder et vivre la réalité, mais aussi parce que je n'avais besoin de rien d'autre pour être bien.

— Je n'ai surtout personne à taquiner !

Baptiste et moi nous envoyons toujours des piques, mais c'est parce que nous nous aimons, vraiment.

Pas d'amour.

Je le soupçonne d'ailleurs d'être encore amoureux d'Elise. Mon amie a rompu pour aller avec Simon il y a trois ans maintenant. Baptiste ne s'en est jamais vraiment remis.

Je suis le regard de mon ami. Ils sont là tous les deux. À l'entrée du bar.

— Je crois que je vais aller m'asseoir.

— Je te suis.

Je fais signe à nos deux amis.

Simon, le petit brun aux cheveux en batailles, m'emboîte le pas. Il plane, loin dans le ciel au-dessus des nuages. C'est ce côté artiste un peu décalé, qui a plu à Elise.

Elise, ses mini robes, ses cheveux blonds avec une mèche rose et ses surnoms à vomir. Le pauvre Simon est tantôt un lapin, un chat, un nounours d'amour.

Quand je les vois, j'ai la chanson d'Anaïs qui me revient en tête.

« Ça dégouline d'amour, c'est beau, mais c'est insupportable… »

— Salut mes loulous !

— Oh, pitié ! maugréé-je.

— Allez va, ne grogne pas. Je suis sûre que tu es trop heureuse d'enfin bouger tes petites fesses hors de ta tanière de nouvelle célibataire, me taquine El'.

Il en fallait une qui mette les pieds dans le plat. Je souris. Ce ne pouvait être qu'elle.

— Elise !

— Camille ?

— C'est bon ! Je ne suis pas en sucre et tout va bien, rassuré-je mon amie.

Les discussions s'enchaînent et peu à peu, je me retire des conversations.

Je suis là, avec mes amis, à les regarder. Rien ne bouge. Moi je veux du mouvement dans ma vie. Je n'ai pas tout quitté pour que rien ne change.

Ils parlent entre eux et je n'écoute que d'une oreille distraite. En même temps, Pierre est en train de se vanter de sa dernière affaire, Camille est ratatinée sur sa chaise, Elise tripote Simon et Baptiste évite soigneusement de regarder en cherchant sa prochaine proie dans la salle.

— Je vais déménager.

Ils me regardent tous avec des yeux ronds.

Ah ! J'ai dû parler à haute voix.

— Quoi ? s'étonne Camille en se redressant soudainement.

— Eh bien, je n'ai pas du tout envie de rester dans cet appartement, c'était un appartement de couple, enfin, on y a vécu quatre ans.

— Mais tu veux juste changer d'appart' ou...? m'interroge Baptiste.

— Je ne sais pas.

— Et le boulot ? questionne Pierre les sourcils froncés.

Je peux être aide-soignante partout en France, je pense

— Alors, ne te gêne pas pour moi.

À voir la tête de mes amis – c'est à dire pas la mine réjouie de Pierre –, je crois que j'ai cassé l'ambiance.

— Je n'ai pas pris de décision, il faut juste que je fasse quelque chose.

— Que tu fasses quelque chose ? répète Cam.

— Oui. Je n'ai pas envie de rester plantée là à attendre et croupir. Je ne sais pas, j'ai besoin de changements.

Je le sens tout au fond de moi, comme s'il fallait que j'aille plus loin, que je poursuive ce que j'ai commencé. Il n'y a rien d'original à cela. Petite crise à l'approche de la trentaine ? Peut-être. Pourtant, c'est urgent, oppressant. J'ai envie de mettre à la poubelle le passé. Je sais bien que c'est impossible, le mien est trop lourd, trop chargé. Vouloir larguer un aussi gros pavé n'est pas dans mes cordes, alors je m'attelle au reste.

J'avale mon verre, un peu trop vite. Quelle idée !?

Je ris aux blagues de Baptiste, même les mauvaises.

Je me laisse happer par le son d'une guitare. Les yeux clos je profite des notes oubliant que je ne suis pas seule. *Alchemy*, Philip Sayce. J'ai envie de pleurer, de rire, de danser. Je voudrais être libre.

— Je vais me chercher un verre, lance Simon, quelqu'un veut autre chose ?

Sa voix me ramène à la réalité.

— Je viens avec toi, dis-je en me levant.

Je m'installe sur un tabouret en attendant le serveur.

— Je te comprends quand tu dis ne pas vouloir t'enfermer dans ton quotidien, me rassure Simon.

— Merci.

— Ils sont enfermés dans leur routine et ne voient pas l'intérêt que ça change.

— J'en ai besoin, maintenant, de changement. Je vais étouffer.

— Je pense qu'Elise et moi fonctionnons bien en couple parce que nous ne nous coinçons pas dans quelque chose de préétabli.

— C'est à dire ?

— Tu sais très bien ce que je veux dire.

J'acquiesce. J'ai déjà vu Simon s'éclipser d'une soirée avec une demoiselle. Je l'avais observé, étonnée, mais Elise m'avait glissé à l'oreille : « Ce soir, c'est son tour de s'amuser ».

— Je pense que nous serions malheureux tous les deux si nous devions nous brider. Mais quoi qu'il arrive, nous sommes là l'un pour l'autre. Enfin, je crois.

— J'ai envie d'être heureuse par moi-même.

— Je n'ai pas non plus dit que c'était comme ça que tout le monde devait fonctionner. Mais pour savoir ce que l'on veut, il faut faire des essais.

— Tu as sûrement raison.

Nos verres nous sont servis.

— À la tienne !

Je lève le mien en réponse. Simon me frotte l'épaule.

— J'y retourne.

— Je vais arriver.

Il a tout compris, il m'a compris. Je veux fuir la routine, expérimenter la vie, l'autre, les autres. Je ne vois pas comment faire des choix sans même avoir l'idée de ce qui se présente à moi. J'ai besoin de savoir.

La soirée est bonne, les rires fusent, quoique je trouve que Camille est étrange.

Baptiste, lui, me raconte sa pré-soirée, sans les détails – heureusement pour mes chastes oreilles.

Je prends plaisir à être entourée d'eux. Par moments, je pense à Erwann. Est-ce qu'il va bien ? C'est dur et étrange d'en arriver à nous partager les amis. C'est un peu comme une garde alternée, un week-end sur deux. Dans ce cas, je peux peut-être lui laisser la garde complète de Pierre.

À la fin de la soirée, je décide de rentrer à pied, maudissant mes chaussures à chaque pas. Je frissonne. Ce vent de fin d'hiver me permet tout de même de retrouver un peu de lucidité après tout cet alcool ingéré. J'en profite pour relancer le podcast.

L'animateur me lit puis reprend ses questions :

« L, quand on vous lit, on se pose tous la même question. Est-ce un peu de votre vie que vous nous avez livré dans « L'homme du bar » ?

— Marc, est-ce vendu comme un roman ou une autobiographie ? »

Je rigole toute seule dans les rues. Je n'avouerai jamais que je pensais à un homme en particulier en écrivant ces lignes.

Je suis cachée derrière un pseudo, mais il est hors de question que je parle de ma vie privée. Elle m'appartient.

En entendant le reste de la lecture, j'ai un peu honte, mais après tout, L assume pour Solveig.

Elise

Un jour, tu te réveilles, te retrouves face à toi même, et tu te demandes à quel moment tu as merdé. C'est cette sensation qui a fait que j'ai quitté Baptiste.

Aujourd'hui, Simon me regarde comme je regardais mon ex quand je suis partie. Du coup je compense. Déjà que je suis une nana plutôt excessive, ce soir, je suis au sommet de mon art. Je ris aux éclats, parle fort, fais le spectacle, me dandine comme une pintade prête à se faire décapiter.

Non, vraiment, il faut voir, me voir. Je crois que si j'étais spectatrice, je me collerais des claques. Grand bien me fasse, surtout pour mes joues, je n'ai pas cette capacité.

Je quitte la scène – mes amis – Simon sur mes talons, comme si je traînais un ballon de baudruche que le vent chercherait à me faire lâcher. Je continue de jacasser pour remplir le vide qu'il jette entre nous.

C'est bientôt fini. Je le sens au fond de moi et je ferme les yeux très fort en croisant les doigts pour que je me plante. Il n'en a pas parlé, je ne sais même pas s'il en est conscient.

Pourtant je le perçois et j'ai peur.

À regarder les autres, il me semble qu'ils ont tous un but dans la vie, quelque chose vers quoi tendre, pour ma part je navigue à vue. Je ne sais pas où je vais. Enfin si, vers la fin, comme nous tous.

Simon est un passionné, il vit pour son art, il respire à travers lui. Bien sûr c'est puéril de se comparer à qui que ce soit, seulement moi... qu'ai-je ? De la culpabilité, un boulot qui ne me satisfait pas, un compagnon qui s'en va.

J'ai des amis, oui ça au moins, j'en ai. Pour ce qui est de ma famille, elle est tout ce qu'il y a de plus banale. Un papa, une maman, un frère. Nous nous parlons, une fois tous les six mois, la communication n'a jamais été notre fort. Nous vérifions que nous sommes en vie. Autant dire que la représentation de la famille heureuse qui se câline, s'encourage et se supporte a vite été rayée de mon champ d'imagination.

Petite je regardais les autres filles avec une certaine curiosité et un grand questionnement sur ce qui pouvait les faire frétiller de joie à l'idée de passer le week-end en famille. Elles avaient toujours des super sorties à raconter. Je les écoutais ébahies, puis ai dû me forger une personnalité afin que l'on s'intéresse à moi. Le reste était trop vide. J'ai appris à faire dans le remarquable. On s'en fiche du fond, tant que ça brille. À l'intérieur, il me semble n'être qu'une coquille vide.

Je donne le change. On n'y voit que du feu, enfin depuis le temps, Simon a bien dû réaliser, et je peux supposer que nous n'en sommes pas à nous tenir à un mètre l'un de l'autre pour rien.

— Tu restes avec moi en rentrant ?

— Je préférerais aller peindre. J'aime peindre la nuit, tu sais bien.

— Je sais bien, confirmé-je, blessée.

J'hésite sur le comportement à adopter, je ne peux plus

faire comme si de rien n'était. Hurler ? Pleurer ? Le supplier ?

J'envoie un : « Bien sûr la peinture est plus importante que nous. » Auquel il ne répond même pas.

29 FEVRIER 2019

Solveig

Mon portable vibre. Il résonne sur ma table de nuit en pin, et moi je suis incapable d'esquisser le moindre mouvement. Mon corps entier est en grève. Les quelques verres d'hier soir n'ont pas eu l'effet escompté sur l'instant. Ce matin, cela n'est pas la même affaire. Mes cheveux poussent à l'envers. J'essaye de me masser les tempes, mais il va me falloir quelque chose de plus radical.

Au deuxième coup de téléphone, je me décide à attraper cet instrument de torture.

— Elise, que me vaut cet appel matinal ?

— Alors ma chérie, tu vas bien ?

Je jette un œil à la place désormais vide à côté de moi, puis me lève en quête d'antalgique.

— Et toi ?

— Tu es partie super tôt ! tente mon amie.

— Pas tant que ça.

— Tu crois que je ne te connais pas ? J'ai bien vu que tu étais à côté de tes pompes.

Je trouve dommage qu'elle ne profite pas de ma moue et mes yeux au ciel.

— Tu ne m'en parleras pas, reprend-elle, je le sais, mais sache que tu peux, je suis une bonne oreille. Surtout que j'ai deux trois histoires à échanger, si jamais…

— D'accord, merci Elise, la coupé-je, peu motivée par l'écoute de ses aventures nocturnes.

— Par contre, je voudrais qu'on parle de ce déménagement.

— Si tu veux, allons boire un café avec Camille tout à l'heure, parce que je sens bien que je vais recevoir son appel dans peu de temps. Par contre là, je dois émerger, et prendre un Doliprane.

— Quatorze heures au café qui fait l'angle de ma rue. Tu as le droit à quinze minutes de retard et c'est tout.

— Dis donc ! Je t'entends vraiment mal, ça grésille crshhhhhhhhh.

— À tout à l'heure. Ça veut dire, à l'heure !

Je raccroche et ingurgite un cachet avec un peu d'eau puis reprends la direction de mon lit bien aimé. Avant même que ma tête ne touche l'oreiller, je referme les yeux.

Comment peut-on vivre avec quelqu'un, tout lui donner, l'aimer vraiment et se réveiller un jour avec le sentiment que l'on n'est plus à sa place ? C'est ce qui s'est passé pour moi et même si je l'ai vécu et ressenti, je ne le comprends pas. Sa présence me manque, les habitudes que l'on avait prises. Le café déjà coulé avant mon réveil, les repas, le ciné à deux me manquent.

Ça me fait une sensation bizarre, et en même temps je me sens plus heureuse. Affranchie. Alors je me tourne vers l'avenir. Déménager dans une autre ville est une option, mais je quitterais mes amis. Je n'en ai pas vraiment envie. Peut-être que je pourrais déjà changer d'appartement. Quitter ce lieu investi et aménagé à deux avec Erwann. Ça me plairait, un nouveau départ, un demi-nouveau départ. Me prouver à moi-même ce dont je suis capable. J'ai envie de penser à moi, *L'homme du bar* m'a redonné ce goût et je ne veux plus l'oublier.

J'envoie un message à Erwann pour savoir ce qu'il veut garder. Quand il m'aura répondu, je bazarderai tout, me trouverai un nouveau chez-moi et quitterai l'appartement. Ça, c'est mon plan. Au moins, maintenant, je sais quoi dire à Elise et Camille.

S'il m'a fallu une heure pour m'extraire de mon lit, il m'en faut encore une grosse pour me rendre présentable.

— J'avais dit quinze minutes !

— Ça n'en fait que quinze de plus que les tiennes. Tu ne vas pas faire ta Camille non plus !

— Ça va ? Je ne vous dérange pas ? nous rappelle à l'ordre l'intéressée.

— Non, ça va, tu peux rester ! la rassuré-je avant d'éclater de rire.

— Elle se permet tout parce qu'elle se tire, c'est ça ? Elle nous achève avant de nous abandonner lâchement !

Camille se tourne vers Elise si bien que je n'ai plus droit qu'à la vision de son dos.

— Oui. D'ailleurs, je pars à la fin de la semaine.

Mes deux amies se retournent vers moi, l'air effaré.

— Pardon ? s'étonne Camille.

— Ben, j'ai trouvé un poste à sept cents kilomètres d'ici, mais je dois commencer de suite.

— Tu pars vraiment ? s'exclame Elise.

— Non.

— Je ne comprends plus rien.

Elise lève son sourcil gauche, comme à chaque fois qu'elle est perdue dans mes propos et cherche le vrai du faux.

Camille hausse les épaules et lui lance :

— Cette nana est dingue ! Je ne sais même pas pourquoi nous la voyons encore.

— Je compte ne changer que d'appartement, j'aurais peur de ne pas retrouver d'amies aussi aimantes !

— Oh qu'elle est mignonne, ma louloute ! me charrie Elise

— Vraiment adorable, renchérit Camille.

— Punaise, je savais que j'aurais dû rester sous ma couette.

— Fainéante !

— J'assume.

Elles ne le pensent pas, et on ne peut pas dire que je le sois. Tête en l'air, désordonnée et des tas d'autres défauts, mais je suis une bosseuse.

Le moment est agréable, seulement je trouve Camille étrange par instants. Elle baisse les yeux, détourne le regard. Elle ne se comporte pas comme cela avec nous habituellement. C'est un comportement qu'elle n'adopte que si Pierre est là. J'hésite à lui poser la question, ce que j'aurais fait dans la plupart des situations. Pas aujourd'hui. Quelque chose m'en empêche. Je verrai cela avec elle plus tard.

Un café, deux cafés. Des rires. Des échanges complices. Malgré la fatigue et les maux d'estomac, je reste en compagnie de mes amies jusqu'à ce que je n'y tienne plus.

En arrivant chez moi, je claque la porte et jette mon sac à main sur le canapé. Mes bottes retrouvent l'armoire de l'entrée. Et je rejoins mon sac pour attraper mon téléphone. Étalée de tout mon long sur un sofa qui me quittera peut-être bientôt.

Le message à mon ex est vite expédié, comme nous venons juste de nous séparer et qu'il a voulu partir de suite, nous n'avons pas encore fait le partage des biens. Sa réponse ne se fait pas attendre, il ne veut pas garder l'appartement, mais il m'énumère un certain nombre de choses. Il avait dû y réfléchir, parce qu'il y a des affaires dont je n'avais même plus souvenir. Si certaines personnes s'attachent aux objets, d'autant que je m'en souvienne, il n'y a jamais eu que les livres qui aient compté à mes yeux. Tout se remplace.

Ce qui m'ennuie, beaucoup, c'est le lave-linge. Je ne me sens pas très impactée par le manque de tabourets de bar ou celui du cadre photo numérique, par contre la lessive, je ne peux pas faire sans, et ça pèse lourd. Je pourrais en commander un neuf, mais si j'en trouve un d'occasion, je fais un geste pour la planète et je corrobore ma légère omission.

J'attrape mon PC et lance « Lebonplan.fr » pour effectuer mes deux recherches. Un appartement ou une petite maison avec deux chambres, pas trop loin du centre.

J'aimerais bien avoir un jardinet, cela dit, comme pour la machine, je ne veux pas que ça paraisse trop au-dessus de mes moyens.

Avec mon salaire de fonctionnaire, je ne peux pas trop exagérer sur les dépenses. Même si je prétexte des heures supplémentaires, mes proches vont se douter de quelque chose et je tiens à garder mon secret encore un bon moment. *L'homme du bar* m'a permis de me mettre à l'abri financièrement pour un temps et je suis relativement sereine au quotidien, mais cela ne va pas durer.

Pour l'instant, rien ne me tape dans l'œil, alors je me mets à détailler les annonces de machine à laver. La lettre de résiliation de mon bail n'est pas encore envoyée, pourtant, je me lancerais déjà dans la mise en carton de mes affaires. Nouveau chez-moi, nouveau départ, seule, un changement aussi exaltant qu'angoissant.

Je clique sur l'icône du logiciel de traitement de texte et ouvre un fichier vierge. Il est temps de commencer mon nouveau roman. Plus que temps. Laisser Erwann derrière moi, *L'homme du bar* aussi. Seulement, rien ne vient. Rien du tout. Je reste là de longues minutes à regarder le curseur clignoter.

Baptiste

Je repose mon téléphone sur ma table basse. J'ai eu ma mère, elle se fait du mouron pour moi. Je suppose que c'est le lot des parents. S'inquiéter, toujours s'inquiéter.

Les miens habitent à l'autre bout de la France, au bord de l'océan. Un coin tranquille où il y a autant d'écume que d'algues et de mouettes. Mais il y a ce petit vendeur de glaces – non elles n'ont pas le goût d'algues – délicieuses, et j'adore m'installer sur une table en terrasse et regarder les vagues se déchaîner contre les falaises. Il n'y a certes pas toujours le soleil, mais les gens sont aussi authentiques que l'embrun. Je ne les vois pas souvent. Ce n'est pas un choix délibéré, ça s'est fait comme ça. Je suis parti pour mes études et ne suis plus revenu. J'ai suivi la vie où elle m'amenait comme une feuille entraînée par le vent.

Je ne les appelle pas tous les jours, plutôt une fois tous les mois. Cela me vaut une pluie de nouvelles de ma fratrie, du village et d'interrogations sur ma vie sociale.

Ma mère ne pose jamais la question directement, mais son grand souci est mon célibat à l'approche de la trentaine. Il faut dire que mes petites sœurs, elles, sont casées.

Elles ont pris exemple sur mes parents. Un mariage qui tient contre vents et marées depuis trente-cinq ans. D'autant que je me souvienne, je n'ai jamais vu de vents ni de marées, d'ailleurs.

À Noël, il y a deux ans, j'ai surpris une conversation qui m'a fait comprendre qu'il y en avait eu. C'est là que j'ai réalisé que j'étais devenu un adulte. Mes parents s'autorisaient à parler de leurs difficultés devant nous, leurs enfants. Et moi, je comprenais.

Je réalisais, un an après notre séparation avec Elise, que ne pas toujours être d'accord dans un couple était normal, mais que nous avions le choix de nous accrocher malgré les difficultés ou de baisser les bras. Que mes parents avaient fait bonne figure devant nous plus d'une fois. Que leurs désaccords n'avaient pas conduit à la rupture. Que nous avions juste échoué.

Grande découverte. C'est comme si je comprenais ma vie et mes relations aux autres d'une façon différente.

Mon village, tout le monde l'a quitté. Il n'y a pas d'avenir à rester là-bas. Pourtant quand j'étais gosse je n'envisageais pas de vivre ailleurs. Je pensais que j'allais me marier avec Adeline, la jolie brune aux yeux bleus, la fille des voisins que je pelotais derrière les dunes.

Mais Adeline a préféré Octave et moi, j'ai décidé de m'en aller.

4 MARS 2019

Solveig

Les mains sur les hanches, détaillant chaque recoin de la pièce principale de mon nouveau chez-moi, un sentiment de sérénité fugace me fait miroiter la paix que je cherche tant.

Erwann n'a pas mis longtemps à récupérer ses effets et je ne vais pas m'en plaindre, cela m'ôte un poids des épaules. Nous nous sommes à peine croisés lui et moi, juste assez pour me rassurer sur mon choix. Évidemment, il m'a évitée tant qu'il a pu. Après tout, je suis responsable de notre séparation. Cela n'empêche que j'ai eu plaisir à le revoir. Je sais qu'on ne peut pas être amis, cela semble bien trop difficile pour lui, pourtant nous avons partagé toutes ces années et j'en garde un bon souvenir. C'est quelqu'un de bien, de droit, d'honnête, il mérite d'être heureux et je sais qu'il comblera une femme. Je ne suis pas cette femme.

Un jeune couple a repris notre ancien chez nous et j'ai emménagé, non sans l'aide de mes amis, hier. Mes affaires sont toutes là, éparpillées devant moi. J'ai finalement craqué sur une petite maison avec une terrasse. Rien de démesuré. Un cocon confortable, juste ce dont j'ai besoin.

Chaque carton se trouve éventré par mes soins et son contenu trouve sa place pour qu'à la fin de la journée j'aie enfin la mienne. Les déménagements m'ont toujours procuré une sensation agréable, une excitation intérieure que je peine à contrôler. Il n'y a rien de mieux à mon sens qu'un emménagement pour ressentir le bonheur d'un nouveau départ.

J'entreprends la mise en place de la cuisine. Je dirais bien qu'il s'agit de la pièce la plus importante. *Oui, car j'adore cuisiner de délicieux plats à mon entourage.* Seulement c'est faux. Je mange utile, respectant un équilibre alimentaire qui m'est propre. Une portion de légumes par ci, une portion de féculents par là, sans oublier les protéines. Attention, ce n'est pas que je n'apprécie pas un bon plat, c'est juste que ce n'est pas moi qui le confectionnerais.

Une spatule et ma louche à la main, je remarque intriguée un tiroir ouvert. Je ne me souviens pas y avoir touché. C'est un signe ! Ma louche a trouvé son écrin. Un carnet y est déjà installé. Je troque mes ustensiles contre lui et le feuillette. S'il s'agit de recettes, je le refile à Elise, sinon, poubelle. Sur sa couverture, quelqu'un a griffonné « *The White Side* ». Cela me fait penser à une chanson de Lou Reed, *Walk on the Wild Side.* Le calepin à l'air ancien, il a cette odeur de vieux papier jauni. Je l'ouvre, les pages sont noircies à la main, en anglais. On dirait une sorte de journal, des dates y sont inscrites, janvier 2019. Je cherche si un prénom est écrit au début, l'ancien locataire a dû l'oublier dans son déménagement, mais je n'avais pas notion qu'il était anglais, pourtant je l'ai croisé à plusieurs reprises. Je dépose le carnet sur le plan de travail à la recherche de son numéro. Une bourrasque me fait sursauter, je suis pourtant certaine d'avoir fermé toutes les fenêtres de la maison. C'est si virulent que le calepin atterrit au sol.

Je cherche d'où provient le courant d'air, mais malgré mes explorations n'en trouve pas la provenance.

Je ramasse le petit cahier qui gît, comme une feuille morte en plein automne – manquerait plus qu'un sanglot long des violons – et fait le grand écart tel un gymnaste accompli.

Je tourne une page, deux, trois. Feuillette à nouveau le

carnet, me frotte les yeux. Il est vierge. Aucun mot n'y est inscrit. Rien, que dalle.

Je le pose et recommence l'opération... toujours rien.

Perplexe, je le range, il retrouve sa place et se laisse ensevelir par un rouleau à pâtisserie.

Les cartons passent et trépassent et je regarde désespérée, l'espace vide sous mon plan de travail. Il me manque toujours cette fichue machine à laver.

Cela fait quelques semaines maintenant que j'épluche le site de ventes d'occasion. Un coup elle est trop chère, puis trop vieille, ou encore trop en mauvais état.

Je désespère et même si l'on dit que l'on fait de belles rencontres dans les laveries automatiques, il semble que ce ne soit pas dans celles de ma ville. Je vais devoir me résoudre à en acheter une neuve.

Je m'octroie une pause, et la mets à profit dans un dernier soubresaut d'espoir. Alors que je fais défiler, les annonces, j'en déniche une non dénuée d'originalité. Elle a été mise en ligne il y a une heure, par « Hey Rick ».

Vends, machine à laver. Très bon état. Peu servie, mon ex ayant fui quelques semaines après notre mise en ménage. Pour toute information, veuillez me contacter par mail. Prix : 200 €.

Je clique sur la petite enveloppe me permettant de lui écrire.

Objet : Machine à laver d'occasion

Bonjour,

Venant de fuir, quelques années après ma mise en ménage, je suis très intéressée par votre lave-linge.

Je souhaiterais la rencontrer. (Voire plus si affinités.)

Pourriez-vous lui transmettre le message afin qu'elle puisse fixer un rendez-vous (si elle est toujours disponible) ?

Cordialement,
Solveig

Je ris seule devant mon écran, mais croise les doigts pour que mon interlocuteur ait assez d'humour pour ne pas me prendre pour une dingue. Une dingue, ce que je risque de devenir si mon cerveau ne se remet pas en route, s'il n'est plus fichu d'assembler convenablement des mots, des phrases, de créer une histoire qui tient la route.

Je n'ai toujours pas réussi à écrire une ligne. Je commence à m'habituer à l'idée que peut-être je ne suis l'auteure que d'un unique roman, pourtant, je suis frustrée. Je voudrais juste... même un poème... quelque chose. Parce que j'en ai besoin. Parce que j'ai l'impression qu'une part de moi est en train de disparaître. Je sais que je ne dois pas me mettre la pression, mais plus le temps passe, plus ça me noue le ventre.

J'ouvre une nouvelle fois un document vierge et cette fois, une notification de réception d'e-mail m'interrompt :

Objet : Adorable machine à laver d'occasion.

Bonjour,

Je lui ai communiqué votre requête, elle serait ravie de faire votre connaissance. Je pourrai vous ouvrir la porte tous les soirs de la semaine prochaine après 19 h. Pourriez-vous me tenir au courant de vos disponibilités ? Je vous communiquerai notre adresse en temps voulu.

À bientôt,
Erick

Erick... cette orthographe me laisse imaginer un homme venu d'un pays nordique et si je laisse un peu plus mon esprit dériver j'en fais un beau Viking. Ça me tire un sourire. Au moins, l'inspiration revient.

Objet : Rendez-vous incongru.

Erick,

Je ne pourrai pas cette semaine à cette heure-là. Je ne serai disponible que le matin à cause de mon travail. Pourrions-nous faire autrement, je me languis de la voir enfin !

Solveig

Dans la minute, sa réponse arrive.

Objet : Déception

Solveig,

La solution est de laisser ma sœur jouer les entremetteuses. Dites-moi le jour et l'heure et je l'en informerai.

C'est idiot, mais, votre humour me donnait envie de plaisanter dans la réalité, alors pour me consoler je vais commencer les adieux émouvants à ma merveilleuse machine.

Je reste fixée sur le message, souriante, ne sachant trop que penser.

Objet : Humour partagé

Mardi, 10 h. Si je ne travaillais pas, j'aurais beaucoup aimé !

Dites-lui que je prendrai bien soin d'elle.

Objet : Rendez-vous

Ça marche.

Bonne fin de journée, Solveig. Ravi d'avoir fait ta connaissance.

Erick

Je suis ravie moi aussi. Distraite, je me mets à écrire, la page se remplit à une vitesse folle, les lignes se succèdent, les mots, jusqu'à ce que je me sente enfin vide.

Mon esprit divague vers celui qui m'a inspiré *L'homme du bar*. Jérémy. J'étais jeune, il m'a marquée à tel point que c'est encore lui qui fait glisser mes doigts sur le clavier. Le passé, toujours le passé. Je réalise qu'il est le seul à avoir su animer mon cœur avec cette force-là. Je pense que c'est ce que l'on appelle la passion. Il a été le feu qui m'a consumée et me consumera toujours, je le sais. J'en ai pris mon parti. Erwann a été un amour tranquille, rassurant, doux. Ni l'un ni l'autre ne me comblent, l'un par sa faute, l'autre par la mienne.

Je relis mes derniers paragraphes et j'y vois un changement. Mon écriture est plus légère et des touches d'humour parsèment mon texte. L'échange avec Erick semble avoir eu un effet sur mon état d'esprit et teinte mon texte d'une couleur moins sombre.

8 MARS 2019

Solveig

Baptiste m'attend dans la voiture le temps que j'aille voir si l'objet de ma convoitise est à la hauteur. Il a accepté de venir m'aider.

Je connais Baptiste depuis six ou sept ans, mais nous sommes devenus aussi soudés à partir du moment où Elise et lui se sont séparés. Il n'allait pas bien, c'était évident, mais il ne parlait pas. Il sortait de moins en moins, et quand il le faisait, quelque chose dans son regard que je n'avais jamais vu, apparaissait. La malice avait disparu pour laisser place au vide. Il dépérissait sous nos yeux, il s'éteignait et personne ne réagissait. Aucun de nous.

Je pensais jusqu'alors que je ne côtoyais Baptiste que parce qu'Elise était avec lui. C'est à cette période-là que j'ai réalisé que je n'étais pas aussi insensible et froide que je l'imaginais, et qu'il avait de l'importance, que j'éprouvais de l'amitié à son égard.

Un soir j'ai débarqué chez lui. J'ai cogné à sa porte, j'ai tambouriné pendant plus de trois quarts d'heure avant qu'il ne cède. On n'a pas vraiment parlé. Il avait déjà beaucoup bu, alors j'ai bu avec lui jusqu'à ce qu'il s'effondre en pleurs sur mon épaule.

Nous sommes restés sur son divan et le lendemain en fin de matinée, je suis partie pendant qu'il dormait. En sortant du travail, je suis revenue. Nous avons recommencé comme cela plusieurs soirs d'affilés, je sentais l'alcoolisme chronique pointer son nez chez lui comme chez moi. Et au bout de deux semaines à ce rythme, il a parlé, déversé. C'est ainsi que nous sommes vraiment devenus amis.

Je sonne à l'interphone et un déclic m'indique l'ouverture de la grille d'entrée. La résidence semble d'un standing assez élevé. De petites fleurs bordent l'allée qui mène aux bâtiments. La pelouse est bien taillée et je serais étonnée d'y voir la moindre mauvaise herbe. Tout est bien ordonné, au point de me mettre mal à l'aise.

Dans l'ascenseur, les étages défilent et je suis seule face au miroir, face à moi-même. Je me surprends à essayer de me donner bonne mine.

Il y a peut-être une photo qui traîne chez lui, histoire que je vois à quoi ressemble le fameux Erick. Je passe mes mains sur les jambes de mon jean afin d'en essuyer la moiteur. Les portes s'ouvrent. Un dixième de seconde, j'hésite avant de frapper à la porte, cette nervosité ne me ressemble pas.

— Bonjour Solveig ! m'accueille une magnifique et immense blonde.

Est-ce vraiment sa sœur ? Taille mannequin, yeux de biche sous une paire de lunettes à monture sophistiquée et un sourire découvrant une dentition parfaite.

Une vraie belle femme, comme on en rencontre peu, se tient devant moi.

— Bonjour…

— Kristin. Entrez, je vous en prie.

Elle s'efface et je découvre un appartement sobre et moderne. Il n'y a pas de bibelot et encore moins de photo. Une déclinaison de murs chocolat, de mobilier blanc et gris et un magnifique parquet donnent un effet classe et masculin.

— Vous voulez boire quelque chose ?

— Non merci, je n'ai que peu de temps et mon ami attend dans la voiture…

— Alors, suivez-moi, je vous montre la machine.

Quelques minutes plus tard, sûre de mon choix j'appelle Baptiste à l'aide et donne l'enveloppe pleine de billets à la sœur d'Erick, qui la range aussitôt.

— Vous ne recomptez pas ?

— Mon frère m'a dit qu'il pensait que je pouvais te faire confiance.

Kristin est donc bien sa sœur.

Baptiste, sous le charme, fait son numéro de drague et elle rentre dans son jeu, souriante. Je vois son regard qui pétille.

— Si je vous gêne, vous n'avez qu'à le dire ! lancé-je en rigolant.

La jeune femme rougit.

— Ne fais pas ta jalouse. Mon corps de rêve ne t'a jamais fait craquer.

— Ton corps de rêve devrait être en train de descendre cette merveille qui va désormais partager ma vie.

— Bien, chef.

— Je vais rabattre les sièges arrière et je remonte t'aider.

Il n'y avait pas besoin de prendre de l'avance, mais autant lui laisser l'occasion de discuter avec Kristin. Quand je remonte, mon ami attend devant l'ascenseur un sourire niais collé au visage.

— J'ai son numéro !

— Ça ne m'étonne même pas.

— Quoi ? Tu as vu la nana ?

— Ouais, mais « ton corps de rêve » fait la différence ! expliqué-je en mimant les guillemets.

Son poing s'écrase sur mon épaule.

— Fous-toi de moi…

— D'accord !

Installer la machine dans notre véhicule s'avère plus compliqué que prévu. Elle semble faire de la résistance et j'avoue ne pas être d'une grande aide pour mon ami qui fait une épreuve de force.

Baptiste et moi redevenons de vrais gosses dès que nous sommes ensemble. Presque trente ans et c'est à celui qui réussira à s'installer au volant le premier. Comme souvent, j'atterris, déçue, sur le siège passager. Sans réfléchir, j'attrape mon téléphone et commence à écrire :

Objet : de mes désirs.

Elle est comme je l'imaginais, j'espère qu'elle va se plaire dans son nouveau logement et que tu vas bien…

Bonne journée.

Solveig

— Je te pose, on décharge et je file. J'ai un rendez-vous.

— Un rendez-vous ?

— Tu n'es pas sourde, pas besoin d'aller consulter.

— Et tu dragues avant ?

— Il valait mieux après ?

Une vibration m'indique que j'ai une réponse.

Objet : perdu

Je vais bien, merci… Et toi ?

Je suis content qu'elle te plaise. Elle... ne va pas me manquer.

Erick

— Tu souris comme une gourde.

— Je t'ai fait remarquer que tu avais la même tronche, tout à l'heure ?

— Je répète… Tu as vu la nana ?

— Je crois que…

Mon téléphone se met à sonner.

— C'est Elise, dis-je tout en décrochant.

Mon amie déverse entre deux sanglots la raison de son appel. Ses mots s'entrechoquent dans ma tête. Ils ont un sens. Je comprends ce qu'elle me dit.

Enfin, je crois.

— Qu'est-ce qu'il se passe ? demande Baptiste.

Je l'entends, pourtant je n'arrive à articuler aucun mot. La terre aurait arrêté de tourner que ce ne serait pas étonnant.

— Solveig ! Réponds-moi, ajoute-t-il alors que j'essaie de me rassembler.

J'ai l'impression d'avoir éclaté en mille morceaux.

C'est impossible.

Non.

Je déglutis et essaie de calmer les battements anarchiques de mon cœur en respirant.

Ça ne fonctionne pas.

Les sons peinent à sortir, ils sont bloqués en travers de ma gorge. Je finis par le dire.

— Erwann a fait une rupture d'anévrisme.

— Merde, c'est grave ? Il est dans quel hôpital ? Je t'emmène…

Il ne comprend pas. Elise n'a pas eu le temps d'aller au bout de sa phrase que j'avais déjà compris.

— Pas besoin… il est mort.

Je crois que j'entends Baptiste parler, me parler. Je n'écoute pas vraiment, il y a comme une chape de plomb qui s'est abattue sur moi. Un vide. Le temps semble suspendu, mais je respire. Je respire, mais plus lui.

— Solveig !

— Oui ?

— Rentre chez toi, j'arrive, m'ordonne Baptiste.

Je me retrouve assise sur le canapé, le regard posé sur la télé éteinte, celle qu'on a achetée ensemble. Il est mort ? Est-ce que je suis réveillée ? Peut-être que je dors.

Un plaid atterrit sur mes genoux, une tasse de thé entre mes doigts.

Baptiste.

Je perçois des bruits de pas, il quitte la pièce, enfin, je crois. Tout est flou, sens dessus dessous.

« Je ne sais pas, elle a l'air sonnée.

— Qu'est ce que tu veux que je te dise ?

— Ouais, vingt-sept ans…

— Non non, je pense qu'on devrait la laisser reprendre ses esprits.

— Bye, courage. »

Baptiste doit être au téléphone. Je n'aime pas ça, entendre parler de moi, comme si je n'étais pas là. Je sens le sofa s'affaisser à ma droite. Au prix d'un gros effort, je parviens à articuler :

— Merci pour tout, vraiment, mais j'aimerais bien être seule maintenant, s'il te plaît.

Ses lèvres se posent sur mon front avant qu'il ne s'en aille, avant que je ne laisse une seule et unique larme s'échapper et tracer un sillon humide sur mon visage.

Baptiste

Je suis resté assis contre la porte d'entrée devant chez Solveig à peu près une heure.

Être percuté par la mort d'aussi près me laisse comme dans un vaste désert. C'est la première fois. Sur l'instant, j'ai agi comme je pouvais pour mon amie. À présent, je suis sonné. Dépassé.

Les heures passent, défilent et l'information ne veut pas prendre son sens. Qu'est-ce qu'on peut dire dans ces cas-là ? Rien. Alors je fais ce que je fais de mieux, j'appelle la nana du rendez-vous que j'ai annulé un peu plus tôt pour lui proposer de nous voir ce soir.

Elle accepte, trop facilement, mais je m'en fous.

Je veux sentir mon corps, sentir le sien, sentir la vie, parce que ça, c'est réel, concret. Peut-être éphémère, mais ça sent le cœur qui bat, la chaleur, la sueur, le plaisir, l'envie.

Un dernier verre et je vais aller vivre.

Elise

La tête au-dessus des toilettes, j'espère que je ne vais pas être reprise de spasmes. Je tire la chasse d'eau.

Le miroir en face de moi me renvoie l'image d'une poupée Barbie à mèche rose défraîchie. Mon maquillage a coulé. L'eau fraîche du robinet percute mon visage comme une baffe pour me remettre les idées en place. Je me rince la bouche pour faire disparaître ce goût ignoble de vomi.

Je ne sais pas ce qui a été le pire. Appeler ma meilleure amie pour lui dire que son ex est mort ou apprendre la mort d'Erwann.

Des spasmes me reprennent.

Saleté.

Simon frappe à la porte. Je l'entends comme s'il était à des milliers de kilomètres, pourtant il est tout à côté.

Il va se dire que j'en fais des caisses, comme d'habitude. Oh et puis merde.

— MERDE ! hurlé-je.

Qu'on me fiche la paix ! Au moins aujourd'hui.

9 MARS 2019

Solveig

Voilà de nombreuses minutes que j'observe un simple numéro de téléphone enregistré dans mon répertoire. Nom de contact : Erwann. Contact qui ne me répondra plus. Je fixe son nom sur l'écran. Je devrais l'effacer, à quoi bon garder ce numéro.

Je ne peux pas.

Mes mains tremblent, je pose mon portable sur la table à côté de moi. Une tasse fume, j'ai machinalement fait couler un café, mais je crois que je ne vais pas pouvoir le boire.

Debout.

Clope.

Appel à ma cheffe : « Je ne peux pas venir travailler. »

Assise.

Clope.

Ce n'est pas la réalité. Pas encore, ça ne peut pas recommencer. Je ne vais pas y arriver. Pourquoi ?

Ma tête tourne, je m'allonge les yeux fermés.

Son image.

Non, trop dur.

Debout.

Clope.

10 MARS 2019

Solveig

Je l'ai rendu malheureux. Je l'ai fait souffrir. Je nous ai fait du mal, et c'est tout ce qui reste et restera. Je suis responsable du fait qu'il soit mort seul. Je l'ai délaissé. Je l'ai fui. Il s'est retrouvé éloigné de ses amis par ma faute.

J'ai tout détruit.

Où est ce foutu manuel qui explique comment ne pas souffrir ?

Je devrais savoir faire, je devrais avoir les clefs pour gérer le décès d'un proche. La vérité c'est que je ne sais pas. Que je me fais peur.

Et si je faisais comme si ce n'était pas vrai ?

J'allume la télé, les images se succèdent, les films, les émissions idiotes. Je m'anesthésie. Puis je me prépare pour aller travailler, je suis d'après-midi. Au moins à l'hôpital, je n'aurai pas le temps de penser. J'affiche un sourire et relance la machine. Personne ne peut voir combien à l'intérieur je me sens abîmée, vieille. Et je culpabilise de me sentir aussi triste. Je n'en ai pas le droit. Il n'était plus mon conjoint.

Je lutte, pour m'empêcher de ressasser. Je plaisante avec les patients.

Je souris et à l'intérieur, c'est moi qui suis morte.

Froide.

Brisée en mille morceaux.

11 MARS 2019

Solveig

Il n'y a rien de plus fort qu'un début ou qu'une fin. Le début d'une relation et sa fin. Le début de la vie et sa fin.

J'ai mal. J'essaie de me contrôler. Je ne gère rien du tout. Ça m'assassine de l'intérieur. Des souvenirs que je refuse de voir resurgir essaient de s'insinuer. Je cherche des éléments du réel auxquels me raccrocher.

Mon téléphone clignote.

De : Cherche-Poux (Elise A.)

Je pense à toi ma louloute. Quand tu seras prête, n'hésite pas. Je suis là.

Depuis qu'Elise m'a appelée pour m'annoncer la nouvelle je n'ai plus décroché, ni à elle ni à personne. La plupart de mes amis ont opté pour le SMS, mais j'ai aussi des dizaines de messages vocaux que je n'ai pas la force d'écouter.

Je ne suis sortie que pour aller bosser et faire mes courses et j'évite tout contact avec mes proches.

C'est trop difficile. Il y a cette pesanteur dans ma poitrine. Depuis ce mardi-là, elle s'installe en moi. Je ne sais pas comment la mettre à la porte. Et puis cette noirceur qui m'étreint et qui fait de moi son esclave. Je l'accueille comme je peux, rien ne sert de lutter.

Erwann. Je t'ai quitté, mais ça ne voulait pas dire que tu ne comptais pas. Nos derniers échanges portaient sur du mobilier alors qu'avant, on faisait l'amour dessus.

Un trait d'eye-liner, un peu de mascara du rouge sur mes lèvres, voilà ce qui m'habille.

Ça et une robe assortie à la couleur de ma bouche.

Ça et des talons aiguilles.

Ça et ma tristesse.

Je lis à nouveau le dernier message d'Erick.

Objet : Disparition

Solveig ? Pas de nouvelles ? Je me demande juste si tu vas bien ?

Erick

J'inspire un grand coup.

Objet : Retour au monde.

Il y a eu mieux, excuse-moi de ne pas t'avoir répondu.

Je vais au Blue Note ce soir. J'espère que ça me remontera assez le moral pour pouvoir profiter à nouveau de nos échanges.

Solveig

Objet : Soulagement.

J'espère que ça n'est pas trop grave. Quand tu veux…

Erick

J'enfile mon manteau et quitte ma maison pour me trouver dehors dans le froid et l'obscurité.

Pas trop grave.

Le vent souffle et mes cheveux s'agitent. Sous un lampadaire, je m'arrête pour sortir de ma pochette mon paquet de clopes et m'en allumer une. Je tire dessus. La nicotine s'infiltre dans mes veines, elle s'insinue dans chacune de mes cellules et m'apporte le peu de réconfort que je peux en espérer.

La ruelle est silencieuse, seuls mes pas qui claquent sur le bitume viennent en perturber le calme. C'est agréable. Le sol est mouillé par la pluie de la journée. Je joue à slalomer entre les flaques.

Une enseigne lumineuse apparaît au loin. Certaines lettres clignotent en tronquant le nom. Je m'en tape, je n'ai pas besoin de lire, je sais parfaitement où je suis. Une lourde porte en bois avec une trappe au niveau des yeux permet à un videur de m'observer.

Il me sourit et me laisse entrer, il me connaît.

Les lumières sont tamisées, je les entends enfin, celles qui me comprennent, qui m'entraînent, qui me noient.

Celles qui m'étreignent et m'étouffent.

Celles qui m'ensevelissent puis me libèrent.

Ces notes de musique, cet air de blues, mon reflet dans un miroir.

Je quitte mon manteau pour le poser aux vestiaires et me dirige au fond de la pièce où je m'adosse au mur.

Mes yeux se ferment. J'écoute, je vis, je fredonne, les mesures se succèdent puis les morceaux. Une pause.

Du Jazz. Une trompette. *Almost Blue*, Chet Baker ressuscite. Je serre les dents.

Erwann.

Un verre.

Erwann.

Deux verres.

La mort.

Trois verres.

Vertige.

Et puis la musique cesse. Pour moi, c'est violent. Je ne m'étais pas rendu compte que je pleurais, j'essuie comme je peux les larmes qui ont inondé mes joues et mon cœur. Je récupère mes affaires et me dirige vers la sortie.

— Pleurer est mauvais pour la santé, me stoppe une voix masculine.

Elle tire dans les graves. Elle tire sur mon âme. Un frisson parcourt mon corps entier.

J'étais juste là pour la musique, alors je reprends ma marche vers la sortie et me trouve à nouveau dans la rue. Seule. J'entends encore sa voix. Elle s'est imprimée dans mon cerveau.

Je me sens nue sans cette musique qui m'habillait et me collait à la peau. Je rentre chez moi. Sans moi.

Je suis restée perdue entre un *la* et un *sol*.

Mes pas se font rapides, il faut que je rentre. J'ai l'impression que je vais m'effondrer sur place et il en est hors de question. Enfin, je suis chez moi, mes mains tremblent et j'en fais tomber mes clefs. J'arrive à entrer je ne sais comment.

Le dos à la porte je me laisse glisser là, sur le sol.

Les secondes s'égrènent avant que je retrouve un semblant de calme, peut-être les minutes.

Une vibration dans mon sac attire mon attention.

Objet : De mes pensées.
C'était sympa de te voir, mais tu étais beaucoup trop triste.
Erick

Mon pouls accélère.

Objet : Espionnage.
Tu étais là ?
C'était toi ?

Objet : Mauvais espion.
Oui.

Objet : Santé
Pleurer peut aussi faire du bien.

Objet : Départ
Tu as filé...

Je me relève pour aller me servir un verre d'eau, me cogne, perplexe, contre le tiroir de la cuisine que je ne me souviens pas avoir laissé ouvert, puis m'assieds sur mon divan.

Objet : Désolée
J'aurais beaucoup aimé te rencontrer. Je ne savais pas que c'était toi.

Mes larmes ont séché, mais les petits tiraillements de ma peau à l'endroit où elles se sont écoulées me les rappellent.

Objet : Rendez-vous.
Alors rencontrons-nous, Solveig.

Je relis ce message ne sachant que répondre, j'ai refusé de le voir et maintenant je regrette.

Objet : Rendez-vous.
Je regrette de ne pas m'être retournée. Mais je ne sais pas si je pourrais être d'agréable compagnie en ce moment.
S.

Objet : Regrets.
Je ne vois pas comment ta compagnie pourrait être désagréable.
E.

Objet : ?

Pourtant tu as vu mon état ce soir.
S.

Objet : Larmes
Tu veux en parler ?
E.

Objet : Parler
Je ne peux pas, pas encore. Merci Erick.
Bonne nuit. À bientôt j'espère.
Solveig

Objet : À très vite.
Dors bien, Solveig.
Erick

Je ne suis pas en état de poursuivre cette conversation, de comprendre quoi que ce soit, d'expliquer quoi que ce soit.

Je veux simplement aller me coucher, perdue entre mon état d'esprit et Erick, sa sollicitude, le fait qu'il soit venu ce soir. Pourquoi avoir fait ça ? On ne se connaît pas, après tout.

Je vais dormir. Dormir et arrêter de réfléchir. De penser.

12 MARS 2019

Camille

Assise sur une chaise dans l'église, je lisse ma jupe sur mes genoux. Solveig n'est pas venue. Elle était trop mal à l'aise à cause de la rupture. Nous avons eu beau lui répéter qu'elle avait toute sa place, elle a refusé. Elise sanglote à ma gauche. Pierre est raide comme un piquet à ma droite. Je me penche en avant pour jeter un œil à Simon. Il regarde fixement devant lui, la mâchoire serrée et je n'arrive pas à voir Baptiste qui est à l'autre bout du rang.

Le prêtre déblatère tout un tas de conneries que le principal intéressé n'aurait pas franchement apprécié, mais dont les parents ont besoin. Je déteste les églises, et ne parlons pas des hommages funèbres. Entendre le murmure des gens qui commentent l'enterrement de quelqu'un qu'ils ne connaissaient même pas, le placement du produit « Dieu » toutes les cinq minutes alors que nous sommes là pour dire adieu à quelqu'un qu'on aime. Et puis la réverbération fait que je ne comprends pas la moitié de ce qui est dit. Je voudrais une crémation rapide avec deux trois personnes qui parlent de moi. Pas plus. Que personne ne se sente obligé d'écouter des inepties.

La mère d'Erwann se lève pour aller lire son texte. Elise m'attrape la main et la serre tant que je sens ma circulation s'arrêter. Je ne peux pas retenir mes sanglots.

La maman du défunt retourne s'asseoir.

Simon n'a pas bougé d'un poil. Je voudrais pouvoir lui tenir la main. Je sais qu'il va filer directement à son atelier et peindre tout ce qu'il ressent. Tout ce qu'il ne dira pas. Quant à moi, je dois aller au bureau en sortant du cimetière, puis au commissariat. Le reportage que je rédige touche à sa fin. Je suis allée traîner dans les bas-fonds de l'espèce humaine, là où l'on trahit, où l'on fait mal et où on y trouve un intérêt. Je déglutis bruyamment, après tout, il n'y a pas besoin de suivre une enquête sur des crapules sans scrupules pour tâter du bout des doigts la trahison.

Tout le monde se lève.

Elise relâche sa pression et des fourmis m'envahissent les doigts. Pierre regarde sa montre. Je me sens agacée. Le moindre de ses gestes m'énerve. Il va falloir réagir. Je sens que je change, je ne suis plus l'adolescente ni la jeune femme que j'ai été et ma vie me devient insupportable. Elle ne me ressemble plus, tout simplement.

Baptiste

Après l'enterrement, je suis rentré chez moi. Je ne peux pas dire que mes rendez-vous féminins de ces jours-ci aient eu l'effet escompté. En même temps, comment ai-je pu imaginer que des parties de jambes en l'air pourraient évincer la douleur d'avoir perdu un de mes meilleurs amis.

Ce soir, j'ai simplement décidé de boire en tête à tête avec moi-même. Je sais qu'il va aussi falloir que je calme le jeu, je travaille en tant que free-lance, et mon état de ces derniers jours ne m'a pas permis de bosser. Il va donc être nécessaire que je me rattrape. De longues heures de boulot se profilent.

Dans mon brouillard éthylique, cette semaine, j'ai pensé

plusieurs fois à Kristin, la femme – splendide – qui nous a accueillis lorsque nous sommes allés chercher une machine à laver pour Solveig. J'ai songé à elle, mais ne l'ai pas appelé ni ne lui ai proposé de nous voir. Pas par manque d'envie, mais je ne tiens pas à ce qu'elle me voie sous mon plus mauvais jour. Je suis enseveli par ma peine.

Des questions se bousculent dans ma tête et je tente – autant que je le peux – de les effacer à coups de verres.

Est-ce qu'il a souffert ?

Est-ce que lui a plus mal que nous ou est-ce l'inverse ?

Est-ce qu'il n'est plus rien ?

C'est une notion qui m'échappe et pourtant je ne suis pas croyant.

Mon verre s'écrase contre le mur de mon salon, alors que je pleure comme un enfant, la tête entre les mains.

Solveig

Je clique sur « vider la corbeille » sans plus réfléchir, sans hésiter. À la relecture de ce que j'ai tapé ces dernières semaines, j'ai compris. C'est un mauvais remake de *L'homme du bar.* Je ressasse des instants que j'ai vécus avec Jérémy, y mêlant certains passés avec Erwann.

Je me laisse envahir par L. Elle n'est qu'un personnage qui m'a permis d'écrire un livre, cela ne me convient plus. Il me semble bon de prendre mes distances. Au jeu de la double personnalité, l'une prend le pas sur l'autre et je me perds moi-même de vue.

La corbeille est vidée, je n'ai plus une ligne d'écrite.

Comment créer quelque chose qui me plaît et me correspond si je ne suis pas moi, ou plus vraiment. Je cherche, je creuse ma mémoire à la recherche de Solveig. Qui est-elle à présent ?

Celle qui vient de perdre son ex petit-ami – dont elle n'a pas été foutue d'aller à l'enterrement ?

Je me retrouve propulsée dans le passé. Dans celui-ci, j'ai des certitudes. Certains pensent que l'on comprend qui nous sommes en nous penchant sur notre histoire. Ce passé qui me fait peur, que je fuis, que je m'efforce d'oublier, pas après pas. Camus disait, « L'important n'est pas de guérir, mais de vivre avec ses maux », pourtant je trouve bien plus aisé de les refouler, mes maux.

Je regarde par la fenêtre, il fait nuit. Les lumières de la ville cachent les étoiles. Gamine, j'habitais à la campagne, nous les voyions bien. Mieux qu'en ville. J'aimais prendre le temps de les observer.

Mes parents et moi habitions une maison du sud de la France, en pierres, dont les parquets et l'immense escalier craquaient à chaque déplacement. Je reconnaissais le son des pas de mon père et ceux de ma mère. Je pouvais les différencier et connaître leur état d'esprit selon que la démarche était rapide ou lente, le pas lourd ou léger. Je savais quand avoir peur. Je me souviens de cet état d'alerte constant, de ce stress qui me poussait à fermer les yeux si forts. De ces tremblements qui me saisissaient.

J'ai été cette gamine prostrée dans son lit avec son livre préféré serré contre elle. Un chant de Noël de Dickens. Seul lui parvenait à calmer les battements de mon cœur.

J'attrape une bière dans mon frigo. L'angoisse que je ressentais à cette époque m'étreint en y pensant. C'est comme une mémoire du corps. Je retrouve des sensations que j'avais volontiers oubliées.

Je m'accrochais à ce bouquin comme à une bouée de sauvetage, il était corné, la couverture était abîmée, mais je m'en fichais. Ce n'était même pas tant le contenu du livre qui avait de l'importance, simplement ce qu'il représentait à mes yeux. Le poser sur ma table de nuit me laissait démunie.

Quand des cris dans la maison me parvenaient aux oreilles, je l'attrapais et le serrais contre moi. Comme s'il allait changer quoi que ce soit. Qu'est-ce que je pouvais faire d'autre ? Je n'étais qu'une gosse. Je voulais juste me protéger, que ça s'arrête, et en même temps je le redoutais aussi.

Peut-être qu'il aurait fallu parler. À l'école ? Mais je me le refusais.

Une nuit, je m'étais levée pour aller aux toilettes, les éclats de voix avaient commencé. Trop tard, j'étais déjà dedans. Si j'avais su, je me serais retenue, ça m'arrivait souvent.

Devant ma glace, le lendemain matin, ce n'était ni mes cheveux en batailles ni mes cernes que j'observais. Un coquard dû à mon arcade sourcilière qui n'avait pas aimé la soirée colorait mon œil droit. Je souffrais au seul effleurement de mon doigt, mais la honte que j'éprouvais me paraissait bien pire. J'étais allé piquer du fond de teint dans le tiroir à maquillage de ma mère. L'opération camouflage avait été douloureuse et plutôt inefficace.

Les sales excuses marchent un temps. Il y avait cette fille dans ma classe. Elle disait vouloir être ma copine. Moi je ne voulais pas de copine. Elle venait d'un milieu aisé, était bien habillée, toujours propre sur elle. Ce jour-là je me sentais faible, alors quand elle m'a posé des questions... Je n'ai pas eu la force de partir, ni celle de mentir quand elle m'a dit qu'elle ne croyait pas à la porte que je me serais prise dans la figure. Et pour la première fois, j'ai lâché, j'ai tout lâché. Les paroles sortaient de ma bouche dans un flot intarissable. Une fois fini, je l'ai regardée. Ce que j'ai vu sur son visage, je m'en souviendrai toute ma vie. Un mélange de pitié et de colère. Puis elle a voulu que j'en parle, elle n'arrêtait pas de me dire qu'il le fallait, que sinon elle le ferait. Je l'ai suppliée chaque jour de la semaine de ne pas le faire, jusqu'à ce qu'elle abdique. Même aller à l'école m'apportait à présent de l'angoisse.

Elle n'est pas devenue ma copine. Je n'ai plus jamais parlé de ça à personne, enfant.

Je ferme les yeux et inspire, comme si l'air pouvait dissoudre le passé. En les ouvrant à nouveau, je suis surprise. Une fumée blanche a envahi la cuisine. Une fumée ? Du feu ? Je remue la tête dans l'espoir de me réactiver les neurones. Qu'est-ce que je suis censée faire ? Appeler les pompiers ? Au lieu de ça, je me frotte les paupières, cligne des yeux…

Plus rien.

Un son me sort de ma torpeur. Mon ordinateur et celui-ci m'indiquent l'arrivée d'un nouvel e-mail.

Objet : Nouvelles
La machine lave-t-elle toujours aussi bien ?
E.

Objet : En colère
Mes chaussettes ont rétréci, je suis très insatisfaite !
S.

Objet : P'tites chaussettes
Quand tu es en colère, tu deviens rouge comme ta robe de la dernière fois ? Tu devrais arrêter de laver à 90 !
E.

Objet : Connaisseur
Tu te souviens de la couleur de ma robe ?
Je t'imaginais mal t'y connaître en cycles de lavage !

S.

Objet : Préjugés

Oui.

Pourquoi donc ?

E.

Objet : L'appart' ne fait pas l'homme

Mais j'avoue que ton milieu de vie ne m'inspirait pas l'autonomie côté corvée…

S.

Objet : Idées préconçues

J'ai trouvé cet appartement un peu au pif après la séparation d'avec mon ex. Mais il est vrai que je viens d'un milieu aisé. À quoi peut bien ressembler ton lieu de vie ?

E.

Objet : Petite maison de ville avec jardin.

Tu sais à quoi je ressemble, je sais à quoi ressemble ton appart'…

Quand je t'aurai vu, je t'enverrai une photo de mon chez-moi !

S.

Objet : Échange

Viens dîner dans un restaurant avec moi, alors !

E.

Objet : Restaurant

Je commence à 6 h 30 demain matin, je crains que ce ne soit pas une bonne idée.

On remet ça ?

S.

Objet : Rencontre.
C'est toi qui vois…
E.

Objet : Te voir
Je n'ai vu personne d'autre que mes collègues de travail depuis quelques jours.
S.

Objet : Parler
Tu ne veux toujours pas m'expliquer ?
Je suis un homme à peu près civilisé, tu sais !
E.

Objet :...
Je t'en parlerai quand on se verra.
Toi civilisé… Moi sauvage.
S.

Objet : Lianes
Toi Tarzane… Moi Jean…
Alors, décide-toi à me voir.
E.

Objet : Jean-Erick de l'Appart' Bien Rangé
Je te dis quand je peux en fonction de mon emploi du temps.
S.Tarzane

Objet : À bientôt.
(Écrit avec le petit doigt levé.)
JEDABR

17 MARS 2019

Simon

Une semaine que je peins sans relâche, la nuit. Le jour, je dors. Je suis complètement décalé, fracassé.

J'allume une cigarette et m'affale dans l'unique fauteuil de la pièce qui me sert d'atelier. La lune est haute, c'est une belle nuit. Une belle nuit qu'Erwann ne verra jamais.

Je me suis toujours dit que c'était une sacrée connerie, les éloges funèbres. Quand quelqu'un meurt, on ne se souvient que du bon. Il a dû en faire, des erreurs – je l'espère pour lui. C'est comme ça qu'on se construit, il paraît. En apprenant de ses erreurs. On les enregistre, on se les note dans un coin de notre tête pour ne pas recommencer. Je me demande si ce soir du 11 février en est une. Et si c'est le cas, pourquoi n'ai-je donc en tête que l'envie de l'appeler, la voir, la toucher à nouveau ? Mes doigts glissent sur le cuir vieilli de l'accoudoir. Depuis que je vis ici, combien d'heures ai-je passées dans cette pièce ? Sûrement plus que dans mon lit. Les murs qui étaient blancs à l'aménagement sont désormais maculés de taches colorées.

Mes tripes me font mal. Ce n'est pas trop mon genre de sangloter dans un coin. Par contre, mon intérieur semble décidé à me faire expérimenter la douleur.

La plupart des gens voient, en me regardant, un type un peu décalé, qui vit dans un autre monde. Je donne l'impression de me foutre de tout. En réalité, je prends les événements de la vie dans la face comme des gifles. Des gifles qui me collent au sol, et je peine à tenir debout.

Peut-être devrais-je être heureux, d'être fait comme ça. Ça me permet de peindre. Je fais partie de ces gens qui ne créent bien que quand ils ont les deux genoux à terre.

J'ai plié une première fois, il y a un peu plus d'un mois. Et la mort de mon ami m'achève.

Je crache sur la toile ce qui me fait mal, c'est un tourbillon obscur qui entraîne mon inspiration et mon être tout entier. J'écrase ma clope dans un cendrier qui déborde. Faudrait peut-être que je le vide. Avec tous ces gens intelligents sur la planète qui inventent un tas de réseaux sociaux, nous créent des besoins auxquels nous n'avions même pas envisagé d'un jour penser, il n'y en a pas un qui a pondu un cendrier auto-vidant.

Je devrais sûrement aller voir Elise, la mort d'Erwann l'a laissée sur le carreau, même si maintenant elle fait comme si de rien n'était. Mais, il y a les gens qui font ce qui doit être fait et puis il y a moi. Je me lève et attrape un pinceau.

Solveig

Le serveur nous apporte nos plats, il est étriqué dans son costume, une serviette blanche posée sur son bras, on le croirait sorti d'un film. Nous avons enfin réussi à être disponibles au même moment et me suis décidée, il était temps. Il est comme je l'imaginais, presque en tous points.

Les lumières sont tamisées et un pianiste joue une musique d'ambiance. Des fleurs ornent la salle sur des guéridons disposés de part et d'autre de celle-ci, donnant un côté rétro, voire démodé. Mais l'établissement est plein. Je me sens mal à l'aise, contrairement à lui qui semble comme un poisson dans l'eau.

J'ai mis ma robe rouge, en clin d'œil à la fois où il m'a vue au Blue Note.

— J'ai cru que tu n'allais pas venir.

— Je t'aurais posé un lapin ?

— J'aurais demandé des carottes au chef pour le nourrir !

Mon rire fait se retourner la femme à la table d'à côté, elle me file les jetons et je ne saurais trop dire pourquoi.

— Désolée.

— Pourquoi ?

— Ma légendaire discrétion !

— Je crois que je m'étais fait une image assez fidèle de la réalité, tu sais.

— D'accord. Alors, ça t'arrive souvent de faire des rencontres sur lebonplan ?

— Bien sûr, c'est un très bon club de rencontres et je travaille trop.

Il me charrie, ça ne fait aucun doute, son corps le trahit. Il me paraît le connaître sur le bout des doigts alors que cela ne fait que quelques jours que nous échangeons.

— Madame, avez-vous choisi ? nous interrompt le serveur.

Je regarde devant moi, un menu est posé à la droite de mon assiette, je ne l'avais pas remarqué.

— Tu permets ?

J'acquiesce d'un hochement de tête.

Il parle, mais je ne distingue pas ce qu'il commande, ce sera donc une surprise.

— Je reviens, annonce Erick.

Quelques minutes plus tard, Erwann arrive… Erwann…

— Tu fais une de ces têtes, tu as vu un fantôme ?

J'ai l'impression que mon cœur s'arrache de ma poitrine.

— Tu es mort.

— M'enfin, qu'est-ce que tu racontes ?

Je me lève et ma chaise part à la renverse, ce qui me vaut le regard outré de nos voisins de table.

— TU ES MORT !

— Et alors ? Toi tu m'as bien abandonné !

Sa peau devient flasque. Lentement, elle glisse pour disparaître laissant voir ses muscles, qui prennent le même chemin jusqu'à ce que je me trouve face à un squelette.

Je tombe à genoux. Devant moi, au sol, un carnet gît. Je le reconnais aux mots griffonnés dessus : « The White Side ».

— Pardon, pardon, je suis tellement désolée.

Des flots de larmes coulent de mes yeux.

5 h 30

J'ai envie de balancer mon téléphone/réveil par la fenêtre, je n'ai pas assez dormi, et mal. Ce cauchemar… Cinq minutes, juste cinq petites minutes de plus, serait-ce trop demandé ?

Pourtant, il est hors de question de traîner au risque de me rendormir et arriver en retard pour la relève. L'équipe de nuit a envie d'aller se coucher et ça se comprend.

La mort dans l'âme je me glisse sous la douche. Je crois toujours y passer un temps fou, alors qu'il ne s'écoule qu'une dizaine de minutes avant que je m'enveloppe dans ma serviette de bain et que je rejoigne ma cuisine à la rencontre de ma cafetière. Programmable, la cafetière. Même seule, j'ai à présent mon café chaud. Ma tartine grille pendant que j'avale ma tasse – enfin son contenu. Mon mauvais rêve est toujours trop présent, un besoin impérieux de m'assurer de sa non-véracité m'étreint. Je vérifie que le petit cahier est bien rangé. C'est le cas.

Il me reste à me convaincre que la journée va passer à toute allure et qu'il sera vite 14 h 30. Mais je sais que je vais enchaîner les ennuis. Untel sera tombé du lit, untel n'arrivera pas à régler la température de l'eau de sa douche, untel me parlera de sa fille pendant quinze minutes. Ce n'est pas que cela ne m'intéressera pas ni que ce ne soit pas important, mais tous ces petits imprévus me feront perdre assez de temps pour que je m'abstienne de prendre une pause. Donc je vais sûrement partir en retard et courrai tout mon service, désespérée de n'avoir pas pris assez de temps pour chacun.

Une sensation de stress me coupe dans mes pensées, je réalise que j'en ai marre de savoir ce que je vais faire à l'avance. D'aller travailler en mode robot alors que j'ai justement choisi ce métier pour ne pas m'enfermer dans une routine. Enfin, non, je voulais aider les autres. Pas parce que c'est bien, parce que c'est moi, c'est ce qui me correspondait. J'ai toujours mieux pris soin, ou écouté les autres, que je ne l'ai fait avec moi-même.

À six heures du matin, on s'habille et on se coiffe pratique, surtout que vingt minutes plus tard je vais enfiler ma tenue blanche. En espérant ne pas devoir me changer en cours de matinée, aspergée par je ne sais quel liquide biologique.

Cinq ans que je suis dans le même service. Cinq ans, ça me paraît bien pour aller voir ce qu'il se passe ailleurs. Ça faisait partie de mon plan de carrière au début de celle-ci, quand je suis sortie de l'école. Je me disais : « Quand il est temps de changer de service, il faut savoir le faire. Cela ne sert à rien de faire ce qui ne nous passionne plus. » En stage, j'avais rencontré trop d'aides-soignantes blasées qui ne voyaient même plus les personnes qu'elles prenaient en soin. Ce qui n'empêche que j'ai aussi rencontré de merveilleuses professionnelles.

Je crois que je suis à la limite. Je prends le temps avec les patients et j'échange avec eux, mais à présent je perçois mon travail comme un enchaînement de tâches identiques plutôt qu'un poste enrichissant.

L'écriture pourrait être une option, elle fait partie de ma vie depuis longtemps, mais je n'allais jamais au bout d'un texte si bien qu'au-delà du fait de vouloir rester anonyme, je ne me vois pas comme une écrivaine, tout au plus une auteure. Et puis, ce deuxième roman est loin d'être commencé et cette option semble s'éloigner.

Le parking de l'hôpital est désert à cette heure. Le vent souffle si fort que je manque de me rabattre la portière de ma voiture sur les doigts. Temps pourri.

Je badge à l'entrée, le compteur affiche ces heures supplémentaires que je ne pourrai ni récupérer ni me faire payer. Les portes et les couloirs se succèdent et enfin je me trouve aux vestiaires. D'autres nanas sont en train de se préparer, mais hormis quelques « bonjours », c'est un silence ensommeillé qui accompagne notre changement de tenue.

Je suis en pilote automatique, écouter attentivement la relève, me lancer dans le premier tour des patients du matin.

10 h

Voyant rouge et son caractéristique. Chambre 203.

Ma collègue infirmière est en train de faire un pansement compliqué et moi je viens de finir une toilette. La chambre est occupée par monsieur Lambert, un homme d'une soixantaine d'années. Il a toujours un mot pour rire et aime bien me faire tourner en bourrique. Son regard est étrange et il a le teint cireux.

— Solveig, ça ne va pas.

Il dit cela le souffle court. Sa main se tend vers moi et il m'attrape par la tenue, il s'agrippe je n'aime pas ça.

— Je vais juste chercher l'appareil pour prendre vos constantes, prévenir l'infirmière et je reviens.

— Non… non.

— Je dois y aller, je reviens !

Le couloir paraît immense dans ces moments-là. Je cours pour trouver le tensiomètre électronique tout en appelant ma collègue puis retourne comme une flèche auprès de lui. Impossible d'avoir une tension… impossible.

Il faut sa température : 34

Merde... L'autre oreille : 34,7.

Elsa, l'infirmière, arrive.

— Il me faut le tensiomètre manuel, s'il te plaît ! me lance-t-elle.

— Ne me laisse pas ! Ça ne va pas ! me demande-t-il affolé.

— Ça va aller… nous sommes là.

Je mens en le regardant dans les yeux, mais ça semble l'apaiser.

Je sors en trombe pour ce fichu tensio.

Elsa n'arrive pas à choper le pouls. La tension, n'en parlons pas.

Ça va mal finir.

Elle me souffle d'appeler le médecin et de ramener le chariot de réanimation.

Trop tard… Monsieur Lambert est inconscient, son cœur s'arrête. Le médecin arrive. En quelques instants la chambre est pleine et nous faisons chacun ce que nous devons faire. Il respire. Je respire… je crois que j'avais oublié de respirer – comme lui. Sa cage thoracique se soulève à nouveau.

Monsieur Lambert est transféré en réa et je me retrouve assise à l'office, les mains tremblantes. Ce n'est pas la première fois, ce n'est sûrement pas la dernière, mais ce regard et cette voix : « Ne me laisse pas ! »

Je mélange tout, Erwann, Monsieur Lambert. Je mélange tout et ça ne va pas. J'ai l'impression de perdre pied. Je ne suis pas à ma place. Plus à ma place, ici. Des larmes m'échappent, la mort s'insinue par tous mes pores, elle tourne autour de moi et je ne la supporte plus. Il faut pourtant aller au bout de la journée. Il y a d'autres patients, les soins doivent être poursuivis, mais je n'ai pas vraiment la tête à ce que je fais.

Je voudrais pouvoir sortir, courir à l'air frais, vider ma tête et mon corps de l'indicible. Je n'ai plus envie de ça.

Avant j'y arrivais, je continuais. Avant.

La page doit se tourner et vite pour moi et ma santé mentale. En redescendant aux vestiaires je m'arrête au tableau d'affichage et scrute les fiches de poste. Rien de ce que je vois ne me satisfait.

30 MARS 2019

Camille

Je laisse Damien, l'inspecteur que je suis pour mon reportage, devant le commissariat et rentre à l'appartement. Il est bien gentil, un peu lourdingue. Il a un problème de vue, il confond systématiquement mes yeux avec mes seins. Pourtant on ne peut pas dire que j'ai été grandement dotée par la nature de ce côté-là. Pierre est en déplacement et ça m'arrange bien. Pas envie de faire des efforts. Puis les journées sur le terrain, ça vous flanque le moral à zéro.

L'être humain est étonnant. Un animal n'est pas capable d'aller aussi loin. Les prédateurs mangent les proies, point. D'accord, le chat joue avec la souris avant de la mettre à mort. Mais un chat ne va pas aller filer des croquettes à un chien pour qu'il accepte de lui attraper une souris. Et un autre chat n'ira pas payer le double de croquettes au dit-chien pour qu'il lui amène la tête de la souris sur une pique. Même moi je me perds dans ma comparaison. L'être humain est pervers, c'est tout. Point à la ligne.

Je viens d'un milieu assez protecteur, le journalisme m'a ouvert les yeux sur une société qui m'a paru tellement étrange au départ. Maintenant, j'ai perdu le filtre de naïveté qui obscurcissait mon regard et j'ai parfois l'impression d'être contaminée par toute la crasse du monde. Je me prépare un thé et m'installe devant la fenêtre, enfin sur le gros radiateur en fonte qui est en dessous, il me chauffe les fesses pendant que je contemple un bout de ville. C'est sûrement un peu trop facile de dire que c'est le monde qui est responsable de mes choix douteux, ça m'aide à mieux dormir.

J'ai commencé par des papiers un peu légers. J'ai interviewé quelques écrivains, fait des reportages plus culturels, puis au détour d'une histoire d'arnaque dans le milieu de l'édition, j'ai commencé à m'intéresser aux affaires plus sombres où l'argent est au premier plan.

De temps en temps, je retrouve ma plume pour mes premiers amours. Ça me permet de ne pas suffoquer.

Je jette un œil dans mon sac à main, mon achat de ce matin n'a pas bougé. Une boule d'angoisse se niche au fond de ma gorge.

J'espère que je me trompe. Pourvu que je me trompe.

Je me saisis du carton rectangulaire et file aux toilettes.

Solveig

Erick et moi continuons d'échanger par messages. Il me fait du bien, sa bonne humeur, sa vision optimiste de la vie est comme une bouée de sauvetage à laquelle je m'accroche. Je repousse inexorablement notre rencontre, une part de moi s'y refuse.

Par moments, nos messages se font charmeurs. Ce n'est pas désagréable bien au contraire, mais ils me font peur. Nos échanges plus amicaux me permettent de garder une distance, parce qu'avec lui j'ai l'impression d'être moi au grand jour. Je le sens parfois si proche dans sa façon de penser. Je m'attache à lui sans l'avoir vu, cela me terrorise. Je ne veux pas souffrir à nouveau, ce qui arrivera s'il arrête de m'envoyer des messages où s'il lui arrive quelque chose. Je me sens fragile en ce moment et cette complicité nouvelle s'avère être à double tranchant. Elle m'expose, me met en danger.

De : Camille
Urgence, rappelle s'il te plaît.

Quand vous avez l'impression qu'à tout moment votre téléphone peut sonner pour que l'on vous annonce la catastrophe du siècle, ce genre de SMS vous broie de l'estomac jusqu'au cœur.

J'appuie sur le petit téléphone en haut de l'écran, les mains tremblantes.

— *Tu as rappelé…*

— Ça va ? Que se passe-t-il ?

— *Ce soir, dîner fille avec Elise. Il faut que je vous parle.*

— Je…

— *C'est important Solveig !*

— D'accord, à ce soir, je prends le dessert.

Je raccroche aussi sec, parce qu'en réalité je ne suis pas très à l'aise.

Une sorte de retour à la réalité qui me rappelle à quel point je suis à côté de la plaque. Autocentrée. La vie de mes amis continue, ils sont là, je ne le suis pas pour eux.

À la boulangerie, j'hésite, un peu comme si je devais choisir une tenue pour un mariage. Le choix de la pâtisserie aurait-il un impact sur l'accueil de mes amies ?

Dans ce genre de situation, je me rabats sur des comportements idiots pour me rassurer. *Il faut juste que j'assume.*

À peine rentrée, je m'installe et m'endors sur le divan, cassée par cette journée qui n'est pas finie et va me laisser sur le carreau.

Se réfugier dans le sommeil a cet avantage de permettre

de ne rien réfléchir, anticiper, puisqu'on est inconscient. Le souci avec l'inconscient, le subconscient, c'est qu'il prend le relais pour évacuer tout ce que le conscient ne fait pas. Ce qu'il enfouit au plus profond pour avancer. Laissant de côté les failles, les traumatismes, les angoisses. Mon enfance a été enfouie comme ça, et j'ai pu me construire, tant bien que mal, sur le champ de ruines que mes parents m'ont laissé.

Quand on dort, on rêve, on cauchemarde, on s'en souvient plus ou moins, mais on rêve tous. Et moi en ce moment, c'est Erick à qui je fais arriver des tas de malheurs. Cette sieste ne fait pas exception. Nous sommes toujours au restaurant, mais cette fois le serveur devient fou. Il dépose un carnet devant lui. *The White Side*. Un brouillard envahit la salle et tout à coup le serveur plante un couteau à steak en pleine tête d'Erick.

Le conscient, l'inconscient c'est une sorte de mode sans échec, cette donnée-là, il suffit de la mettre de côté, la zapper, pour pouvoir démarrer le système. Mais quand le disque dur est grillé, le système saturé, même en mode sans échec, impossible de démarrer. Je me demande si mon disque dur va lâcher, enseveli dans mon passé et dans mon présent, anéantissant tout espoir de futur.

Devant la porte de chez Camille et Pierre, j'ai envie de faire demi-tour, et pourtant il faut que je sois là pour mon amie. Je frappe.

— Solveig !

Camille me fait un câlin, ce qui n'est pas commode avec le gâteau entre nous deux.

— Entre, Elise ne va pas tarder, dit-elle en regardant la boîte à pâtisserie que je porte.

— Frigo ?

— Il vaut mieux.

— En attendant, va t'asseoir sur le canapé.

— Oui, cheffe !

Mon amie se dirige vers la cuisine et alors qu'elle ouvre le frigidaire, elle me lance :

— Je pensais que tu allais décommander…

— Si tu veux, je peux encore partir !

Je décide de plaisanter, c'est ma meilleure défense, sinon je vais me répandre en excuses interminables.

— Si tu bouges ton fessier d'un millimètre, je te retrouve et te fais passer un sale quart d'heure.

Ma copine – habituellement pâle – est rouge comme une tomate ; je crois qu'elle n'apprécierait pas mon départ.

Son ordinateur est ouvert et des feuilles sont éparpillées un peu partout. Cam' est une journaliste qui commence à se faire un nom.

— Tu bosses sur quoi, en ce moment ?

— Je ne peux pas trop en parler, mais je suis la police sur une grosse affaire. C'est passionnant. Et en parallèle j'ai eu un contact avec les éditions Rivières, ils vont contacter L pour que je puisse l'interviewer.

À cet instant, c'est moi qui dois être rouge, presque pivoine.

— L ?

Je joue l'andouille.

— Oui tu sais, l'auteure de *L'homme du bar.*

— Ah oui ! Je crois que je vois. Tu m'offres un whisky, s'il te plaît ?

— Un whisky ? Pas une bière ni un rhum ?

— Non, non. Pas ce soir, merci.

Camille fronce les sourcils et semble vouloir me cuisiner lorsque l'on frappe à la porte. Sauvée par Elise… Il faut le voir pour le croire.

— Ben la vache ! T'as réussi à faire venir Solveig ? Tu dois avoir une grosse merde, ou alors demain, il neige !

— Moi aussi je t'aime, lancé-je.

— Il y a intérêt. T'as une bière s'il te plaît, Cam' ?

Ça fait du bien de les retrouver, de se chambrer, se marrer. On ne parle pas de ce qui s'est passé. D'Erwann.

Au bout d'un temps, indéterminé, vu que je ne tiens pas du tout le whisky et n'en bois jamais, Elise questionne Camille sur son appel.

— Je crois que je ne vais pas arriver à vous le dire.

— Comment ça ? s'étonne Elise.

Camille se lève du fauteuil dans lequel elle s'était installée et entreprend d'arpenter le salon de long en large. Je sens que je vais être malade si elle ne s'arrête pas.

— Écoute, nous sommes là pour toi, quoi qu'il arrive, tu as besoin de parler c'est évident, alors nous t'écoutons.

Heureusement pour moi, Cam' s'assied à nouveau et prend une grande inspiration.

— Je suis enceinte.

— Oh bordel ! Je me disais bien que c'était louche que tu ne te mettes pas une retournée avec nous ! dis-je

— Ouais, mais je ne sais pas si je vais le garder.

— Quoi ? Elise a des yeux gros comme… Enfin gros.

Nous sommes suspendues à ses lèvres. Pourquoi ne pas vouloir le garder ? D'autant que je me souvienne, être mère a toujours fait partie de ses projets. Elle se triture les doigts et enfin lâche :

— Je ne suis pas sûre que Pierre soit le père.

Ma dernière gorgée de whisky atterrit sur le chemisier à fleurs d'Elise.

— T'as baisé avec un autre ? s'exclame l'arrosée.

— Hum… oui.

— Il est sexy ? Tu le vois encore ? Tu vas enfin quitter Pierre ? mitraille Elise.

— Enfin ? s'étonne Cam.

— Allez, accouche ! Sans mauvais jeu de mots, renchéris-je.

— C'est compliqué. Je l'ai rencontré il y a quelques mois pour l'affaire que je couvre, nous explique notre amie en désignant du menton le foutoir autour de son ordinateur. Il est inspecteur, et marié.

Elle regarde ses pieds, je ne sais pas si je me fais des idées, j'ai l'impression qu'elle ne nous dit pas tout.

— Woutch, lâche El' du bout des lèvres.

— Ça va toi ? m'enquiers-je.

Ses yeux se mettent à briller.

— Je ne sais pas où j'en suis. Je ne devrais pas, mais je suis heureuse de porter cet enfant.

— Oh… câlin ? propose Elise

J'opine du chef. On n'a qu'à dire que c'est la faute à cette saleté de liquide ambré.

— Nous serons là pour toi, quoi qu'il arrive, ajoute El.

— Et Pierre ? demandé-je.

— Je ne sais plus trop, je ne me posais même pas la question il y a un an, je savais que c'était Pierre et c'est tout. Mais là, je suis perdue.

— Mais cet homme, il sera là pour toi ?

— Il aime sa femme, alors…

— Et toi, il t'aime ? m'inquiété-je.

— Je ne sais pas.

Des larmes commencent à perler aux coins de ses yeux.

Nous sommes, Elise et moi, complètement ivres et dépassées. Camille a à nos yeux – aux miens – l'image de la fille qui s'efface derrière son homme – Pierre – se laissant piétiner par moments. Je n'aurais jamais imaginé qu'elle puisse se trouver dans cette situation. Ne sachant plus que faire de l'émotion de mon amie, je décide de changer de sujet et nous finissons la soirée de façon plus apaisée.

Elise

Je zigzague dans le couloir. Un mur vient à ma rencontre à droite, un autre à gauche. Je renifle bruyamment en essuyant mes larmes qui coulent encore et toujours.

Je donne plutôt bien le change ! Il ne me semble pas que Solveig ait remarqué le fait que j'ai évité son regard toute la soirée.

Je sais que je n'ai rien fait de mal. Non, après tout ils n'étaient plus ensemble, cette fichue conscience n'a de cesse de me rappeler à l'ordre malgré tout.

Penser à Erwann réamorce mes sanglots. Il est mort.

Je suis prise d'un haut-le-cœur, la tête me tourne, ma respiration est trop dure à aller chercher.

Les toilettes.... Où sont-elles ?

Trouvées.

Fausse alerte.

Un paquet de cigarettes traîne sur la commode d'entrée. Je ne trouve pas le briquet.

La plaque de gaz... J'allume un feu et me penche. Ma mèche rose part en avant.

J'ai réussi à la rattraper... Même pas cramée !

Je tire dessus et suis prise d'une quinte de toux interminable. Wouah, ça fait longtemps que je n'ai pas fumé.

Si Solveig l'apprend, est-ce qu'elle va m'en vouloir ? C'était son ex.

Je revois son sourire, son regard marron presque noir, sa façon de m'embrasser. Ses mains se poser sur moi...

J'ai mal et personne à qui en parler. Est-ce que je suis une si mauvaise personne que ça ? Est-ce que c'est une punition pour ce qu'on a fait ?

J'écrase la cigarette et m'affale sur le sofa en position fœtale.

C'est un mauvais rêve… Ça va passer.

La pièce bouge vraiment, vraiment, trop. Elle bouge sans moi. Je crois que j'ai trop bu.

30 AVRIL 2019

Baptiste

Il y a deux matins, entre le moment où j'ai mis mon sucre dans mon café et celui où j'ai enfoncé ma cuillère dans le liquide noir. J'ai décidé que j'avais envie de tenter ma chance auprès de Kristin.

J'avais mal à la tête du fait d'avoir trop consommé d'alcool la veille au soir pour m'anesthésier. Idiotie ! Si ça fout mal à la tête, pourquoi dit-on que ça anesthésie ?

Je lui ai envoyé un SMS, puis j'ai bu mon café. Quand je l'ai eu fini, la réponse n'était toujours pas arrivée, donc j'en ai avalé un deuxième.

Toujours pas. C'est là que j'ai recommencé à travailler. Dans la matinée, je suis venu à bout d'un dossier. Cela faisait deux semaines qu'il regardait fièrement le plafond.

À la suite de quoi j'ai attrapé mon téléphone et cette fois-ci, elle m'a répondu.

Ce qui me conduit à ce soir, où je traverse la ville sur mon trente-et-un. J'ai fait dans le kitsch, j'ai été acheter une rose chez le fleuriste du coin.

Ce premier rendez-vous a une saveur particulière. Surtout que cela fait un sacré bout de temps que je n'ai pas eu de vrai rencard. En tout cas, où je n'ai pas comme idée de coucher avec la demoiselle dès le premier soir. Pour faire la distinction, d'habitude j'ai l'impression d'aller au fast-food du coin et là d'aller choisir le menu de Noël chez le traiteur.

J'ai pris un taxi, je me voyais mal l'emmener dîner en utilitaire. Elle n'habite pas très loin de chez son frère. En regardant par la fenêtre de la voiture, la réalité me frappe en pleine face. Nous ne sommes pas du même milieu.

Je ne peux pas dire que je sois le genre de type qui se soucie de savoir s'il gagne plus ou moins que sa nana, à la vue de l'immeuble dans lequel je pénètre, j'en viens à en douter.

Je ne me démonte pas pour autant et demande au taxi d'attendre et monte la chercher chez elle espérant qu'elle n'est pas du genre à être trop en retard. En fait, non, elle est prête et m'ouvre de suite. Quand elle voit ma pauvre petite fleur, elle m'offre un sourire digne d'un bouquet haut de gamme. Kristin va la disposer dans un vase soliflore puis me rejoint.

Son bras se glisse autour du mien et c'est agréable. Juste pour ce moment, je suis heureux d'être là.

Nous prenons place au restaurant et j'y bois ses paroles. Elle rit à mes blagues. Je la regarde manger son entrée. J'ai visionné une émission à la télé pendant mon repli sur moi-même. Une émission où il était question de se reconstruire grâce à la beauté de l'art. À l'observer, je me dis qu'ajouter « de l'art » n'est peut-être pas judicieux.

— Je crois que je vais bientôt être gênée si tu continues de me regarder comme ça.

— Désolé, c'est juste que je surveille que tu ne rates pas ta bouche.

— Si ça m'arrive, tu accepterais de manger ?

— Eh bien, oui. Je me sentirais moins seul, vu que ça m'arrive souvent.

Et là, elle fait quelque chose de tout simplement merveilleux, elle écrase sa fourchette de salade sur sa joue droite.

Nous rions de bon cœur et continuons à plaisanter, nous taquiner. C'est facile.

Au plat, je me dis que cette soirée passe beaucoup trop vite. Quand on passe un bon moment, les minutes cherchent à s'enfuir, alors qu'elles se traînent lorsqu'il est difficile.

Tout cela est bien trop simple, comme un pied de nez à mon optimisme, entre le fromage et le dessert, elle se confie. Kristin largue une bombe, la bombe. Du genre qui assourdit et laisse la bouche béante. Je me ressaisis, tentant de donner le change, mais mes oreilles sifflent. La déflagration a fait péter mes tympans.

Je suis médiocre, je pense. Pas à la hauteur.

Pourtant pour elle, je voudrais l'être.

2 MAI 2019

Solveig

Objet : Restaurant
Ça te dit ce soir ?
S.

Je me suis enfin décidée. Après tout pourquoi pas ? Qu'est-ce que je risque de plus ? La vie m'a déjà bousillée, et à plusieurs reprises. Si je reste sur mes gardes, ça peut le faire. J'avoue que nos discussions sont une bouffée d'air frais. Je ne sais pas si je pourrais m'en passer à présent et j'ai un peu honte de me l'avouer. J'en plaisante avec lui. Il a pris beaucoup de place, envahit mes pensées. C'est assez incompréhensible puisque ce n'est pas une rencontre réelle. Je réalise que peu importe le fait qu'elle soit virtuelle ou non, nous sommes et restons des êtres humains. Sa présence quotidienne, c'est comme si nous nous voyions tous les jours.

Objet : Soirée.
C'est vrai ? Tu m'accordes enfin audience ?
E.

Objet : Audience
J'ai envie de te voir et je suis dispo… si tu veux.
Solveig

Objet : Hésitation
Je ne sais pas trop…
E.

Objet : Cœur brisé
Mince, aurais-je raté le coche ?
Solveig

Je le prends sur le ton de l'humour, mais j'ai pris le dernier message en plein cœur. Je ne m'étais pas imaginé qu'il puisse refuser.

Objet : Humour
Je plaisantais Solveig. Veux-tu que je passe te chercher ?
E.

Objet : Rendez-vous
Non merci Erick. Dis-moi juste où et quand.
S.

Objet : Incident
Je te tiens au courant, ça n'est pas la joie au travail aujourd'hui.
E.

Objet : Ah le boulot !
Tu ne m'as jamais précisé ce que voulait dire « chargé d'affaires » ?!
Solveig

Objet : Besoin de soins.
Toujours avoir une aide-soignante sous le coude !

Si je te le disais, je devrais te tuer.
E.

Objet : Mystère.
J'attends de tes nouvelles pour ce soir alors !
Solveig

J'ai le sentiment qu'il n'est plus très sûr de vouloir faire ma rencontre. Un peu dans le flou je laisse tomber et vaque à mes occupations. Je fais de l'ordre dans ma maison que j'ai délaissée.

Des habits gisent un peu partout au sol dans ma chambre, de la vaisselle sale s'empile sur mon plan de travail. Un bon ménage ne ferait pas de mal et pour ce faire, il n'y a pas besoin de laisser mon cerveau tourner. Je fais des lessives, je frotte, je reprends vie en même temps que mon intérieur.

Quand arrive le milieu d'après-midi, je n'ai toujours pas de nouvelles d'Erick. Je commence à lui écrire un message, mais me ravise. C'est lui qui devait me tenir au courant. J'en envoie un à Cam' pour savoir comment elle se sent et un autre à Elise pour savoir si ses cheveux ne poussent pas à l'envers, car elle devait sortir hier soir.

Attendre me rend dingue, je déverrouille mon portable sans cesse comme si j'avais pu ne pas entendre qu'il ait sonné alors qu'il est juste à côté de moi. Pour varier les plaisirs, je *check* mes mails sur l'ordinateur.

Une vibration me fait sursauter.

De cherche-poux (Elise A) : # lalcooloulavie #jaibeauetrematinalejaimal #jenpeuxplus

19 h

Toujours rien, je devrais me faire une raison, pourtant quelque chose me pousse à lui écrire. Un côté de moi assure qu'il ne faut pas le faire, l'autre se dit « Arrête. Tu as envie de savoir. Fais-le ! »

Au risque de paraître un peu dingue ou oppressante ou que sais-je, je me lance. Ça n'a comme effet que celui de rendre l'attente plus difficile. Pourtant j'essaie de me raisonner et ce comportement ne m'est pas familier.

21 h

J'ai intégré que je n'aurais pas de message. Je ne suis pas bien, en colère, en grande partie contre moi. Je me fais l'effet d'une petite fille capricieuse, j'ai repoussé sciemment le moment où je le verrai et là je deviens dingue parce qu'il me snobe.

Quand la sonnerie de mon téléphone retentit, je me précipite dessus, mais c'est Camille qui m'appelle.

J'imaginais que ce pouvait être lui...

— Allô !

— *Ça va ?* me questionne mon amie.

— Hmmm et toi ?

— *Oula, tu veux en parler ?*

— Bof, il faut que je dorme et donc, toi ?

— *J'ai eu Pierre au téléphone, il est encore en déplacement. Je culpabilise. Enfin, je suis rongée par la culpabilité envers à peu près tout le monde, sauf toi et Baptiste.*

— C'est une situation pourrie pour l'instant, mais quand tu auras pris une décision, ça ira mieux.

— *Ouais.*

— Alors il s'appelle Damien ? Il ressemble à quoi ?

— *À un homme !*

— Ah, ben voilà ! Tu fais de l'humour !

— Je ne dirai rien, même sous la torture.

— Ben mince ! Moi qui pensais fantasmer toute la soirée sur un flic canon, tatoué et surtout bien bâti.

— Solveig !

— Euh Camille, depuis l'annonce de ta grossesse, le coup de la coincée offusquée ne prend plus !

— Ça va, je ne suis pas non plus une dépravée…

— Dommage pour ce Damien, alors.

Mon amie éclate de rire, j'ai au moins réussi mon coup.

— J'ai eu les résultats de ma prise de sang. Pierre ne peut pas être le père.

— Oh.

— Oui... Oh.

— Ça va aller ?

— Je ne sais pas.

— Ça va aller.

— Peut-être, élude-t-elle. *Bon tu me racontes ce qui te travaille ?*

— J'avais un rendez-vous, j'attendais des nouvelles et…

— Avec qui ?

— Un homme.

— Qui ?

— Tu ne connais pas.

— Tu fais de la rétention d'information, toi !

— Un peu… enfin, tu me connais.

— Ouais. Ce n'est pas parce que ma vie est compliquée en ce moment que je ne peux pas t'écouter.

— Je sais, mais je m'inquiète de façon sûrement disproportionnée, alors je t'en parlerai si ça prend trop d'ampleur.

— Ça marche. Écoute je dois te laisser, j'ai une double vie à mener.

— Courage !

— Toi aussi, bisous.

— Merci. Bisous.

Durant l'appel, j'ai déambulé dans mon salon dans un parcours quasi identique donnant un sens à l'expression tourner en rond.

Dans mes moments sombres, il est le seul à avoir su m'approcher. Malgré lui. Et à présent, il a pris toute cette importance. Me voilà déstabilisée. Je pensais le connaître, après tous ces messages.

Ceci dit, connaissons-nous les gens qui nous entourent ? Ils ne nous montrent que ce qu'ils veulent bien. Mes parents étaient très appréciés dans le village. Des gens généreux. Des gens droits et sympathiques.

Je secoue la tête et me dirige jusqu'à mon placard, puis mon réfrigérateur, histoire de choisir quoi faire à manger. Je n'ai aucune envie de cuisiner alors j'opte pour un peu de salade verte que j'extirpe d'un sachet déjà entamé, quelques tomates cerises et un œuf.

Je suis en train de remplir ma casserole d'eau pour me faire cet œuf mollet quand une notification m'interrompt :

Un spam il s'agit d'un spam...

— Fais chier !

J'en viens à parler seule.

Je sors couverts, assiette et verre. Mon repas est rapide, mais je mange en tête à tête avec moi-même et n'ai aucune envie d'allumer la télé, encore moins l'ordinateur.

Une fois terminé, je débarrasse et m'installe sur le canapé, j'attrape un livre dans ma bibliothèque. Il n'y a qu'un livre qui puisse m'entraîner loin de l'état d'esprit dans lequel je me trouve. Enfin, c'est ce que je pensais, mais lire dix fois la même phrase ne me détend pas. Alors je me décide à aller me coucher. Demain... demain sera un autre jour.

Sauf que je m'éveille en sueur, le cœur battant à tout rompre. Ma couette gît au sol. Je m'assieds sur mon lit, la tête posée entre les mains.

Je me lève, enfile un peignoir puis attrape ma couette et sors fumer sur ma terrasse. Le ciel est clair, un léger vent me fouette le visage. Les volutes de fumée s'élèvent, je les regarde s'évaporer dans des tourbillons tous différents les uns des autres.

La sensation de douleur au cœur persiste. Je me refuse à subir ce genre de choses. Pourquoi ne m'a-t-il pas écrit ?

3 MAI 2019

Solveig

Tant pis pour lui. Il est passé à côté de la rencontre du siècle.

Cela m'arrive souvent de me mentir à moi-même. Je me raconte des trucs que j'aimerais vrais. Je me les répète plusieurs fois d'affilée, jusqu'à ce que j'arrive à me persuader que c'est la réalité. Dans le cas présent, dans le but d'essayer d'oublier le sentiment désagréable que ce faux plan me laisse. Comme pas mal de gens qui ont eu leur part de crasse quand ils étaient gosses, qui ne se sont pas assez sentis aimés, ce genre de situation engendre une réaction de ma part plutôt disproportionnée. Je le vis mal. Je me sens rejetée, pas assez bien et j'en passe. J'enclenche un cercle de pensées dégueulasses qui n'ont aucun intérêt, sinon celui de me blesser encore plus que la situation de base s'en était chargé.

Pour contrer cela, je me mens donc.

Au petit déjeuner, en me brossant les dents, en contrôlant mes comptes, en commandant une robe sur internet.

Et s'il lui était arrivé quelque chose ? Un accident ?

Non, il ne voulait simplement pas dîner en ta compagnie.

Une chute dans sa baignoire ?

Je vous l'accorde, être dans mes pensées n'est pas de tout repos.

Tant pis, je lui pose la question – même si je ne suis pas sûre que noyé dans son bain, il puisse me répondre.

Objet : Restaurant
Pas de nouvelles ? Tu vas bien ?
S.

J'écoute la radio et me laisse absorber par l'interview d'une actrice de quatre-vingts ans dont je n'ai jamais entendu parler, mais qui a côtoyé et joué avec les plus grands acteurs – hommes – de sa génération. Eux je les connais.

Mon féminisme en prend un coup, ma culture aussi.

Mon téléphone vibre, je me précipite dessus.

— Baptiste, réponds-je en tentant de masquer ma déception.

— *Comment vas-tu ?*

— Je ne sais pas trop. Pas vraiment bien, pas vraiment mal.

— *Je voulais justement passer.*

— Je suis chez moi.

— *OK... Dans trente minutes. Fais-toi belle cocotte, j'arrive !*

Je ris

— Comment peux-tu me demander ça ? Je suis canon en toutes circonstances.

Foutu téléphone, maintenant que je l'ai dans les mains, je regarde la messagerie, au cas où j'ai raté un message, que les notifications n'aient pas fonctionné, que le satellite de mon opérateur ait subi une panne et qu'il me transmette d'un coup d'un seul des messages d'excuses.

Rien.

Quand Baptiste arrive, j'ai réussi à m'en défaire, enfin. Je suis allée le planquer sous mon oreiller. Loin des yeux, loin de ma tête.

Mon ami rentre après un léger coup donné à la porte

— Tu sais que c'est bien d'attendre qu'on t'invite à entrer ?

— Je suis un peu comme chez moi, ici…

— Tu n'as même pas tort.

— J'ai même toujours raison.

Il me rejoint dans la cuisine en contournant le bar et me prend dans ses bras. Ma tête se pose machinalement contre son torse et je ferme les yeux.

— Tu m'as manqué, chuchote-t-il à mon oreille.

Sa voix est enrouée.

— Toi aussi.

Il se racle la gorge.

— Je n'en doutais pas une seconde. Tu m'offres une bière ?

— Tu sais où est le frigo.

— Un peu, ouais ! Après l'avoir porté, positionné, branché…

— Arrête, tu vas me faire pleurer.

Il sort deux bières, les décapsule et m'en tends une.

— Tu as eu des nouvelles de Kristin ? lancé-je pas tout à fait désintéressée.

— Nous avons dîné ensemble et nous devions nous revoir ce soir. Elle a annulé en m'expliquant qu'elle avait un problème familial.

— Ah ? Quel genre ?

Peut-être le silence d'Erick a-t-il un rapport ? Les ennuis de familles, il n'y a pas pire, j'en sais quelque chose. De ce qu'il m'en a dit, la sienne a eu son lot de coups durs, et j'ai cru comprendre qu'il ne restait plus que lui et sa sœur.

Il est écorché par la vie, et je crois bien que c'est ce qui me plaît chez lui. Il comprend, je comprends. Et puis j'apprécie la compagnie de personnes qui ont vécu. Ça doit me donner la sensation de ne pas être trop différente de savoir que d'autres ont un sac bien rempli derrière eux, de voir que certains parviennent même à avancer dans la vie sans traîner leurs emmerdes comme un boulet.

Nous nous installons côte à côte sur le canapé. Je recroqueville mes jambes contre moi et les entoure de mon bras libre.

— Elle ne m'en a pas dit plus.

J'acquiesce d'un mouvement de tête.

— Qu'est-ce qu'il y a ? me demande Baptiste.

— Pardon ?

— Eh bien, tu fais une drôle de tête et tout à l'heure tu m'as dit que ça n'allait pas trop.

J'avale une grande gorgée de bière et me lance :

— J'échange par messages avec Erick, très souvent.

— Oui ? m'encourage-t-il.

— Très souvent, tous les jours.

— Et ?

— Nous devions nous rencontrer hier, il m'a posé un lapin, et ne m'a pas donné de nouvelles depuis.

— Il n'assume peut-être pas.

— Oui... ou il y a un rapport avec les problèmes familiaux de Kristin.

Je m'interromps, et me lève pour déambuler. Baptiste me connaît, il me laisse faire. J'arpente la pièce comme si elle pouvait me donner une réponse. Me dire ce que je devrais faire, dire, penser, oublier.

— Si tu veux, j'appelle Kristin, propose-t-il.

— Il a simplement dû vouloir se désister et n'a pas su comment faire.

— Mais ça te mine.

— Oui.

— Alors j'appelle sa sœur pour savoir si ses problèmes familiaux ne sont pas trop graves, ce qui n'est pas pour me déplaire et suivant ce qu'elle me dit... j'aviserai.

— Merci.

— Si ça peut te rassurer, ce n'est vraiment pas grand-chose.

Il se lève, presse mon épaule en passant et va s'installer

sur la terrasse pour passer son appel. J'ai un peu l'impression d'être à l'école et d'appuyer sur l'alarme incendie, histoire que tout le monde panique pour rien. Quand Baptiste rentre, j'observe les traits de son visage. Son regard doux est assombri par une moue inquiète.

— Alors ? le questionné-je.

— Je t'avoue que je ne passais ce coup de fil que pour te rassurer et avoir Kristin au téléphone, mais effectivement il se pourrait qu'il y ait un lien.

L'angoisse est traîtresse. Plus vous la connaissez, plus elle grimpe vite. Il suffit désormais d'une phrase pour qu'elle s'insinue en moi.

— Je t'écoute.

— Elle m'a expliqué qu'Erick devait passer chez elle après le travail et qu'il n'était pas venu, chose qu'il ne ferait jamais. Elle a essayé de le joindre à plusieurs reprises sans succès, donc elle est allée chez lui. Elle y est d'ailleurs encore. Il a pris ses affaires, mais n'a pas laissé de mot pour expliquer son absence, du coup elle semblait inquiète. Je crois qu'ils ont une sorte de rituel entre eux, pour les cas où il doit s'absenter et il n'a pas fait comme à leur habitude.

Je reste muette. En même temps je ne vois pas trop quoi dire.

— Je lui ai dit que vous deviez vous voir aussi et que ça ne s'était pas fait, elle m'a parue surprise.

— D'accord.

Mon ami me scrute, il est à l'affût de ma réaction, comme s'il se tenait prêt à me rattraper. Sûrement une séquelle de la mort d'Erwann. Je suis pourtant toujours debout et éprouve le besoin de prendre le contrôle de la situation.

— Que va-t-elle faire ?

— Elle m'a expliqué qu'elle voulait voir avec le boulot d'Erick.

— Tu voudrais bien me donner son numéro, s'il te plaît ?

— Euh... oui bien sûr, si tu veux.

— Je vais lui écrire un message pour lui demander de me tenir au courant.

— Donne-moi ton téléphone.

Je m'exécute et pendant que mon ami enregistre Kristin dans mes contacts, je finis ma blonde.

Baptiste a du travail par-dessus la tête et j'ai besoin d'être seule. Je me blottis dans ses bras pour lui faire comprendre tout ce que je ne peux dire avec des mots – merci – puis il s'en va.

À peine la porte est-elle fermée que j'ouvre mon ordinateur afin d'écrire, mais la batterie est à plat. Pas le temps d'attendre, il faut que je passe à l'acte. J'attrape *The White Side* dans le tiroir de ma cuisine et laisse glisser mes doigts sur sa couverture. Il ne paye pas de mine. J'hésite, une partie de moi ne veut pas s'en servir, une autre est attirée comme un aimant. Je le repose et vais voir s'il me reste quelques feuilles vierges. Même l'imprimante est à sec.

Je sors donc à nouveau le carnet, m'installe à table, l'observe. Mue par une force supérieure – et ma main armée d'un stylo bille – j'écris ma rencontre avec Erick. Le temps semble s'arrêter et je noircis de nombreuses pages que je relirai plus tard. Pour l'instant, j'ai vidé ma tête et cela me fait un bien fou. Une douce euphorie m'envahit, je me balance entre soulagement et angoisse sans arriver à le maîtriser.

Je veux que cet état me quitte, il est trop ambivalent pour que je le gère. La soirée est avancée, avant qu'il ne soit trop tard, j'échange quelques messages avec Kristin qui accepte de m'appeler demain.

Je vais me coucher sur une question qui reste sans réponse. *Est-ce que tu vas bien, Erick ?*

Kristin

Dehors, le printemps est installé. Il y a cette odeur, je ne peux pas vraiment la décrire, mais chaque saison a la sienne. Je suis sûre que si je perdais toute notion du temps, je pourrais simplement à son parfum, savoir à quelle période de l'année nous sommes.

D'habitude, le printemps me rend joyeuse. Là, je tremble comme une feuille. Je n'ai qu'un frère et il représente tout. Il a toujours été là, dans les moments difficiles, dans ceux plus heureux. Je viens de partir de chez lui et de raccrocher mon téléphone. Baptiste s'est inquiété, je suis touchée, bien que dépassée par les événements.

Je ne suis pas idiote, je sais ce qu'on se dit quand on me voit. Je viens d'une famille aisée, je plais, je ne manque de rien. Sauf de la santé. Mon corps a décidé de s'autodétruire. J'ai une maladie auto-immune, la maladie de Berger. Je me suis toujours dit que cette saleté porte ce nom parce qu'elle guide ma vie, un peu comme l'étoile avec les rois mages. Enfin guider... elle gère toute ma vie. Tout tourne autour de ça. Je ne suis pas une simple jeune femme. Je suis malade. Je suis définie par ça.

Je fais partie du cinquième des personnes atteintes qui doivent bénéficier d'une hémodialyse.

Erick est la seule personne qui est capable, tout en connaissant tout de moi, de rester lui-même en ma présence. Pas comme mes parents qui voulaient toujours me protéger. Pas comme les hommes, qui fuient dès qu'ils savent. Enfin, ils n'avouent jamais vraiment que c'est la raison.

Baptiste ne fuit pas, contrairement à ce que je pensais. Notre dîner était agréable, jusqu'à ce que je le gâche en parlant de ma maladie. Malgré tout, il m'a invité à nouveau et m'a recontacté quand je lui ai dit que j'avais un problème familial.

J'ai envie de croire que pour une fois, cela pourrait être différent, mais la priorité reste de remettre la main sur mon frère.

Demain, dès que je peux, je contacte ses collègues. Au fond de moi, j'espère qu'il m'appellera avant et que nous rigolerons de mon affolement.

4 MAI 2019

Solveig

Le ciel est teinté de rouge et de gris. Je ne suis pas du genre à voir des présages dans ce qui m'entoure. On ne me verra jamais fuir un chat noir ou céder à n'importe quelle superstition. Mais en observant le ciel ce matin, je suis plus inquiète. Comme s'il captait une certaine gravité à la situation actuelle.

Je me suis réveillée tôt, la main sur mon portable. Mais qu'est-ce que je croyais ? Que Kristin était allée au travail de son frère dans la nuit ?

J'ai fait un cauchemar. Un homme sans tête habillé d'une chemise noire et d'un jean que mon esprit appelait Erick était en colère, perdu. Il tenait dans sa main un carnet que je reconnais à présent au premier coup d'œil.

Je décide d'aller me balader dans le parc. Il est immense et abrite une petite forêt avec un parcours de santé. Le week-end, lorsqu'il fait beau, il grouille de vie, d'enfants qui jouent, de joggeurs et j'en passe. La semaine, j'y trouve le calme. J'en profite pour écouter de la musique en marchant au milieu des arbres.

Au milieu des notes, sa voix s'insinue en moi.

« Pleurer est mauvais pour la santé »

Comme en réponse à Erick, la guitare de Joe Bonamassa introduit Beth Hart, *I'll take care of you*. Je m'installe au pied d'un arbre et me laisse submerger par la magie de cette chanson, les yeux clos, je ne suis plus tout à fait là le temps du morceau.

Je retire mes écouteurs et me remets sur pied pour marcher. Ce n'est qu'une petite demi-heure plus tard que mon téléphone sonne. Je décroche sans même prendre le temps de regarder qui m'appelle.

— *Solveig ?*

— Oui.

— *C'est Kristin, je suis désolée de te…*

— Ne t'excuse pas, j'attendais ton appel.

— *Oh. Je n'ai pas pu aller plus tôt sur son lieu de travail, j'avais un impératif.*

— Ne t'inquiète pas. Je suis un peu sur les nerfs… Tu en sais un peu plus pour ton frère ?

— *Ils ne comprennent pas, mais ils vont voir dans ses mails et auprès de ses collègues qui étaient au bureau ce jour-là. Mais ça ne lui ressemble pas, Solveig.*

Mon cœur bat plus fort qu'il ne devrait et mon ventre se noue.

— Tu crois qu'ils vont te donner des nouvelles sous peu ?

— *Je pense, mais je ne sais pas… Tu… tu crois que je devrais aller voir la police pour signaler sa disparition ?*

Je sais qu'Erick est majeur, mais elle est sa sœur, ils sont obligés de prendre en compte sa déposition, je pense. Ce n'est jamais si simple, j'ai un doute sur l'utilité de la démarche. Je réfléchis un instant. Je ne souhaite pas être celle qui brise le peu d'espoir qu'elle a, alors je ne verbalise pas mes craintes.

— Ça ne coûte rien de le faire !

Je l'entends souffler dans le micro. J'attends qu'elle prenne sa décision.

— *Je ne sais pas ce qu'il t'a dit sur notre enfance, sur nous.*

— Il m'a dit qu'il connaissait le deuil. Que vous aviez un frère. Que vos parents sont décédés... Je n'ai pas osé poser plus de questions, je me suis dit qu'il me dirait ce dont il avait besoin en temps voulu.

— *Notre frère faisait du vélo, il avait dix ans. Il faisait des tours de pâté de maisons. Il était prudent pourtant, mais une voiture ne l'a pas vu.*

— Je suis désolée Kristin.

— *Ne le sois pas. Ça nous a tous détruits. Pour Erick ça a été l'enfer. Moi je n'ai pas eu le temps de me remettre qu'on diagnostiquait ma maladie. Il s'est mis à me surprotéger à cette époque.*

— Il parle beaucoup de toi, mais pas de ta maladie.

— *J'ai toujours mal vécu d'être cataloguée en fonction d'elle. C'est une maladie auto-immune. Un médecin m'a dit que le choc d'avoir perdu mon frère n'avait rien arrangé. Mes parents étaient terrifiés à l'idée de perdre un autre enfant. S'ils avaient pu, ils m'auraient mis dans une bulle. Erick a toujours été ma bouffée d'oxygène. Mais il s'est beaucoup oublié aussi.*

— Vous êtes très proches.

— *En tout cas, il est proche de moi. Lui est plutôt secret sur sa vie. Il ne m'a pas parlé de votre relation.*

— Il n'y a pas grand-chose à en dire.

— *Peut-être qu'il y a plus à en dire qu'il n'y paraît pour qu'il ne l'ait pas fait.*

La tournure de cette conversation me met mal à l'aise.

— Tu veux bien me tenir au courant pour son travail ?

— *Bien sûr Solveig, à plus tard.*

— Courage, Kristin, ça va aller.

— *Merci.*

Le vent s'engouffre dans les arbres et une pluie fine commence à tomber. Il est l'heure pour moi de manger et d'aller faire une sieste. Ce soir, je travaille. Même si je n'ai pas envie d'y aller, j'aime l'ambiance de nuit. La proximité avec les patients et puis le rythme est moins soutenu. La nuit, on se livre, on se retrouve face à des angoisses que les gens n'expriment pas le jour. Les confidences sont plus aisées. Et le silence. J'aime le silence. Le jour, l'hôpital est un brouhaha d'allées et venues permanentes. Quand le soir vient, il ne reste que le bruit feutré des soignants qui déambulent dans les couloirs. Tout est calme. Je m'installe sous ma couette.

Erick est là, nous sommes au restaurant. Nous choisissons notre repas, sauf qu'Erick ne tient pas entre ses mains un menu, mais un carnet dont la couverture indique « The White Side ». Cette fois, il se lève et s'approche de moi. Je me mets debout à mon tour et je sens la chaleur de son corps contre le mien. Soudain, une douleur au cœur atroce me fait reculer d'un pas et j'en comprends la cause quand mon regard se pose sur un couteau planté en plein dans mon thorax.

Je tombe à genoux et entends un ricanement suivi d'une simple phrase : « Bonne nuit, Solveig. »

Ma vue se brouille. J'entends ses chaussures faire demi-tour et quitter mon champ de vision.

Mon téléphone sonne, je cherche à éteindre mon réveil, mais quelque chose ne colle pas. Ce n'est pas la bonne musique.

C'est Kristin qui me rappelle.

— Oui ?

— *Je raccroche d'avec Antoine, un collègue d'Erick.*

— D'accord ?

J'essaie de reprendre contenance, j'étais en plein sommeil et me sens à côté de la plaque. Comme si mon cerveau dormait encore indépendamment de mon corps.

— *Ils ne savent pas où il est allé, aucune trace dans ses mails, aucun mot laissé. Par contre, il a dit à ses collègues qu'il avait une urgence auprès d'un client et qu'il devait partir sur-le-champ.*

— Il a nommé ce client ?

— *Non, il n'a rien dit*, me répond Kristin.

— D'accord, et la gendarmerie ?

— Ils n'ont pas pris ma déposition. Pour eux, la disparition d'Erick n'est pas inquiétante.

— Je pensais qu'ils étaient obligés de la prendre vu que tu es sa sœur, m'étonné-je.

— Oui… mais pour eux il est simplement en voyage d'affaires et a dû oublier de prévenir.

— D'accord, que comptes-tu faire ?

— Je pensais essayer de l'appeler encore et encore puis si personne n'a de nouvelles retourner au commissariat.

Je lui demande de me prévenir dès qu'elle en sait plus et nous raccrochons.

Je réfléchis à ce que je peux faire. Mais pour l'instant, rien.

Il va falloir attendre, au moins demain, car à présent je dois me préparer. Ce que je fais avec la boule au ventre, une partie de moi pensant à Erick et l'autre anticipant ce qu'il va se passer dans la nuit.

J'espère que ce sera calme.

Je prends le volant, distraite, en direction de l'hôpital. Le soleil s'est couché. Tout à coup, je réalise qu'une dame avec une canne est en train de traverser. J'appuie sur la pédale de frein du plus fort que je peux. Mes pneus crissent sur le bitume.

Boum.

Boum.

Mon cœur bat dans mes tympans.

Arrête-toi.

Arrête-toi.

La voiture s'immobilise à temps. Je devais rouler plus vite qu'à l'accoutumée. La piétonne me fait signe que je suis dingue.

Mes mains glissent sur le volant à cause de leur moiteur, elles tremblent aussi. Tout mon corps tremble en réalité. J'ai failli tuer la dame qui a enfin atteint le trottoir. Ma respiration prend son temps pour s'apaiser. Elle met le trajet jusqu'au travail pour retrouver un rythme normal.

Je regarde mon téléphone en arrivant à l'hôpital. J'ai un SMS de Kristin :

Je viens de recevoir un mail d'Erick dans lequel il dit que ça va et qu'il a besoin de prendre un peu de temps pour lui. Je suis très étonnée. Merci pour tout !

Je me sens tout à coup plus légère, joyeuse.

Simon

J'allume mon téléphone, j'ai plusieurs nouveaux messages, notamment de la galerie qui me prend mes tableaux.

Je dois les contacter, ils veulent prévoir une date pour le vernissage, échanger avec moi autour de mes œuvres.

Elise est dans la salle de bain, elle se maquille.

Quand j'étais gosse, je me cachais pour voir ma mère faire et observais l'application du mascara, du trait d'eye-liner, sans oublier le rouge à lèvres. Il me fascinait, je regardais cet habillage rouge se déposer sur sa bouche. J'étais jaloux, elle se maquillait pour un autre que moi. Un qu'elle allait rejoindre. Comme si mon amour ne lui suffisait pas. Bien sûr, c'était des réflexions de gamin qui veut garder la femme de sa vie auprès de lui et doit accepter une séparation qu'il refuse. Elle allait voir d'autres hommes, mais j'étais son préféré, sa constance.

Même mon père n'avait pas fait le poids.

Je détaille Elise de l'encadrement de la porte.

— Hey !

— Salut.

Elle s'approche et pose un baiser sur mes lèvres, puis retourne à son occupation.

— Tu sors ?

— Je vais travailler, tu sais le truc qu'on fait tous les jours…

— Hé, je travaille aussi !

— Ouais.

Son regard me fuit. Elle pense que je ne sais pas.

Je sais. Il y a eu quelque chose avec Erwann. Ce n'est pas moi qui vais lui jeter la pierre.

Autant j'étais un enfant jaloux et possessif, autant je ne suis pas ce genre de compagnon.

Je me demande si c'est simplement que je ne suis pas fait comme ça, ou si c'est que ce que je ressens pour Elise n'est pas assez fort. Il n'y a pas de réponse, et je n'en veux pas en réalité.

— Je vais sortir prendre l'air et puis aller voir la nana qui me prend mes tableaux.

— Ça marche à ce soir, alors.

Comme je ne bouge pas, elle lâche un soupir et vient à nouveau poser ses lèvres sur les miennes.

Une fois mon manteau sur le dos, je quitte notre appartement pour me retrouver dans la rue. J'en ai pour une vingtaine de minutes de marche pour arriver à bon port.

La ville vit. Elle s'agite devant moi, je me sens spectateur d'un monde que j'aime fuir.

Tout semble avoir changé alors que tout est intact. Je ressens la différence entre celui que je suis maintenant, amputé d'un ami, et l'extérieur.

J'arrive à destination et la jeune femme que j'y rencontre me fait patienter un instant. La responsable me rejoint.

— Enchantée ! Je suis ravie de vous rencontrer !

Elle surjoue, en rajoute. De toute manière qu'est-ce qu'elle croit ? J'ai besoin de son argent pour vivre, pas la peine de me faire des courbettes.

— Bonjour.

Ma réponse brève n'a pour but que de calmer ses ardeurs, mais elle est coriace et ne se laisse pas démonter. Un sourire vissé de l'oreille droite à l'oreille gauche ne la quitte pas alors qu'elle me fait visiter les locaux et m'explique ce qu'ils attendent de moi.

À savoir faire le pingouin enrubanné d'un nœud pap' avec un verre de champagne collé dans la main droite. Je dois penser aussi à faire ce qu'il faut pour plaire à des femmes riches – ou mariées à des hommes riches – qui puissent acheter une fortune des tableaux sur lesquels j'ai laissé un bout de moi. Pour crâner. Alors qu'il y a mon sang dessus. Mais ce n'est pas lui qui me remplira les poches. C'est ça pour moi, peindre. Poser un bout d'âme sur une toile.

Distribuer des sourires, je sais faire. J'en ai donné des tas depuis que je suis haut comme trois pommes. Ça évitait à tout le monde de culpabiliser. Mes parents ont ainsi pu divorcer tranquilles. Mon père a pu disparaître et ne revenir me voir qu'un week-end pendant les vacances. Ma mère a pu ramer avec un boulot ingrat qui ne lui rapportait pas assez pour que je porte des pantalons sans trous aux genoux.

J'ai tout assumé avec cet air lointain et ce sourire plaqué. Je peux continuer.

6 MAI 2019

Solveig

Nous n'avons pas de nouvelles d'Erick depuis deux jours. Je cherche à comprendre, je relis inlassablement nos derniers messages en quête d'un indice qui m'explique son silence. Je n'ai rien vu venir. Son absence occupe toutes mes pensées. Malgré cela, je n'ose pas lui écrire. S'il avait voulu, il l'aurait fait. Il a écrit à Kristin. Pas à moi.

Ces deux mois passés à échanger ne peuvent pas être qu'un mirage. Peut-être que si, en fait. Je peux être effacée de sa vie à coups d'appuis sur une flèche de clavier.

Baptiste, quant à lui, est là. D'ailleurs c'est par son biais que je sais que Kristin n'a pas eu davantage de nouvelles.

On dirait qu'il est plus prudent avec elle qu'avec les autres femmes. Celles qui le ramenaient chez elles. Je me demande si elle peut lui faire oublier Elise. Il a cette lueur dans le regard quand il parle d'elle, son corps s'anime, un sourire vient se nicher au coin de ses lèvres. C'est bon de le voir comme ça. Et alors que je me laisse dévorer par des angoisses d'abandon, lui est présent pour elle, pour moi.

Le fil de mes réflexions m'échappe, je me laisse happer par la vue d'un oiseau qui picore sur la terrasse.

J'ai eu besoin d'écrire au réveil. Pour me redonner envie, j'ai décidé de continuer à le faire sur mon carnet. J'ai attrapé *The White Side* et un stylo. J'ai couché sur le papier ce que j'ai sur le cœur et dans la tête comme s'il devenait nécessaire de poser les choses pour mettre de la distance et trouver une objectivité sur la situation. Je tente d'organiser ce bazar, de ne pas me perdre.

Je refuse d'être noyée dans toutes ces émotions qui m'assaillent par instants. Cela prend la forme d'une sorte de journal. Je n'en ai jamais tenu auparavant. L est en sourdine, Solveig a pris le dessus.

L'oiseau s'envole.

J'attrape mon téléphone qui vibre à s'en décoller la carte SIM.

— Camille ?

— *Comment vas-tu ?*

— C'est plutôt à moi de te poser la question.

Je me doute que ses problèmes n'ont pas disparu d'un claquement de doigts.

— *Je suis toujours perdue.*

Dans ces moments-là, j'ai l'impression que quoi que je dise, je serai à côté de la plaque.

— Pierre est au courant ?

— *Non, non.*

— OK, et David ?

— *Damien !* me corrige-t-elle.

— Il y en a deux ?

— *T'es con.*

— Merci.

— *Il commence à se douter de quelque chose étant donné que je passe mes journées avec lui et que mes allers-retours aux toilettes avec la main devant la bouche ne sont pas très discrets.*

— Hmmmm chouette, ça donne envie. Tu as pris rendez-vous chez ton gynécologue ?

— *Ouais.*

— Bien.

— Arrêtons un peu de parler de ça, j'ai plutôt besoin de penser à autre chose, là. Donc tu t'es décidée à me parler ?

— Je n'ai rien décidé, mais je peux le faire.

— Alors, vas-y, je t'écoute.

— Je ne sais pas vraiment par quoi commencer.

— Fais simple.

— OK, un… ami à moi fait silence radio. Il a envoyé un message à sa sœur pour qu'elle ne s'inquiète pas. Il ne l'a pas fait pour moi. Ce n'est pas dans ses habitudes de se comporter ainsi. Nous sommes inquiètes.

— Celui de notre dernière conversation ?

— Voilà.

— D'accord, depuis longtemps ?

— Ça fait quatre jours que je n'ai pas de nouvelles, il a écrit à sa sœur il y a deux jours.

— Je vois. Et ce n'est qu'un ami ?

— Oui, enfin je ne sais même pas s'il l'est, c'est difficile à expliquer.

— Un jour, j'aimerais beaucoup que tu me fasses la version longue.

— Promis.

Notre conversation prend des tournures plus légères. Je lâche prise. Les quelques instants de répit que m'accorde Camille sont salvateurs. Et une idée émerge dans un coin de ma tête. Sans y réfléchir plus, je lui en parle :

— Camille, j'aurais un service à te demander.

— Si je peux faire quelque chose, dis-moi.

— Je me demandais si David, ton flic, pourrait se renseigner un peu.

— Damien !

— Désolée…

— Pas grave, tu voudrais savoir quoi ?

— Il aurait quitté précipitamment le bureau par rapport à

un de ses clients, mais il n'y a aucune trace dans ses mails. Du coup, je me disais que peut-être dans son téléphone, il y en aurait. Et puis par sa voiture...

— *Écoute, je vais lui en parler, mais je ne te garantis rien, d'autant qu'il a envoyé quelques mots à sa sœur. Envoie-moi ses noms, prénoms, date de naissance, son immatriculation par SMS ainsi que l'heure à laquelle il a quitté son travail.*

— Merci, t'es adorable.

— *Ça n'est pas l'effet que je me fais en ce moment.*

— Arrête, ça fait longtemps que tu es avec Pierre, et il n'est pas franchement le conjoint idéal.

— *Ça n'empêche, ça va loin, là.*

— Il va falloir que tu en parles et que tu prennes une décision, mais ça va aller.

J'entends mon amie étouffer des sanglots dans le combiné, alors je reprends :

— Tu mérites d'être heureuse, alors fais le choix qui te comble.

— *Ouais... Je te rappelle, OK?*

— Bien sûr.

— *Bisous.*

Dans la foulée, je demande les informations que je n'ai pas à Kristin. Celle-ci ne tarde pas à me les envoyer et je les transmets aussitôt à Camille.

Objet : Mais t'es où ? Pas là.

Hey Rick,

Nos échanges me manquent. À tel point que je dois t'avouer que je n'ai jamais passé autant de temps à regarder une stupide machine à laver. Je commence même à lui parler. C'est pour cette raison que je t'écris. Te dire à toi ce que je dis à la machine. Je devrais peut-être lui trouver un nom. On devrait le faire tous les deux quand tu seras là.

Ta sœur m'a expliqué que tu faisais un break. Je suis inquiète. Tu as été d'une grande aide quand je n'allais pas bien et tu es devenu un ami qui m'est cher. Je voudrais que tu saches que si tu en as besoin, je suis là. Quand tu veux et quelle que soit la raison de ton départ.

À bientôt Erick.

S.

Je lui envoie ce mail sans le relire et un message de mon éditrice apparaît au même instant.

Elle me demande de faire une exception. De faire apparaître L pour la première fois. En exclusivité. Qu'il n'y aura pas forcément de photo de moi, mais que la journaliste qui sollicite un entretien est très sérieuse et qu'elle voudrait l'avoir de notre côté. De plus, si les ventes de *L'homme du bar* ont été vraiment bonnes, à présent, elles s'essoufflent un peu.

L'effet de mode passe. Une autre romance qui repousse les limites a fait son apparition et un livre ne peut pas tenir qu'au mystère entourant l'auteure. Cela mérite réflexion. Il s'agit de ma meilleure amie, je sais qu'elle gardera le secret. Mais en même temps, j'aime avoir cette partie de ma vie pour moi. Et puis j'ai envie d'écrire de façon libre. De pouvoir changer de genre quand je veux. À l'heure actuelle, je ne sais même pas si je publierai à nouveau.

Objet : Sans mot

Solveig,

J'ai vu ton mail. Je ne sais pas quoi te dire. Je suis désolé. J'ai besoin de faire un break. Je fais aller. J'espère que nous aurons l'occasion de manger ensemble. En attendant, prends soin de toi.

Erick

Les yeux écarquillés et la bouche probablement plus ouverte que je ne le souhaiterais, je regarde mon écran. Mon cœur s'est d'abord arrêté, puis il a repris ses battements à une allure folle. C'est un de ces moments où les pensées s'agitent, se bousculent, pour laisser place au vide. Je ne sais pas si je lui écris ou si j'appelle Kristin. Finalement, je me dis que pour espérer avoir une réponse il faut que je réagisse maintenant.

Objet : Questions.
Erick,
Que se passe-t-il ? Est-ce que je peux faire quelque chose ?
Solveig

Objet : Réponses.
Je suis juste fatigué, j'ai besoin de souffler.
E.

J'ai la frousse et je ne peux m'empêcher d'imaginer un scénario catastrophe :

« Un trentenaire en burn-out se jette sous les roues d'un train. »

J'éprouve comme le besoin de le sauver, lui, alors que je n'ai rien pu faire pour d'autres. J'ai le sentiment que si j'arrivais à le voir, si nous pouvions nous parler franchement, alors cette fois il n'y aurait pas de drame. Peut-être que j'en rajoute et qu'après tout ça n'est pas si grave. Peut-être que quoi qu'il arrive je n'y peux rien, car il est impossible de le forcer à se confier, mais ne serait-ce que pour avoir la conscience tranquille, je dois agir.

Objet : Souffler à deux.
Tu veux bien que nous nous voyions ?
S.

Objet : Doutes

Je ne suis pas d'une compagnie agréable et n'ai vraiment pas envie de sortir.

E.

Objet : Pas de sortie.

Alors je peux venir ?

S.

Objet : Réflexion.

Je vais y réfléchir.

E.

Le brusquer serait une mauvaise idée, alors je décide d'attendre et d'appeler sa sœur.

— J'ai reçu un mail de ton frère.

Elle pleure toutes les larmes de son corps, ses sanglots entrecoupent ses phrases. Elle finit par se calmer au prix d'un gros effort.

— Je ne comprends rien, Solveig, il ne fait pas ça d'habitude. Quelque chose cloche. Ce n'est pas normal. J'ai vraiment peur qu'il fasse une bêtise…

— Je suis inquiète aussi.

— J'ai l'impression d'avoir fait un marathon. Je suis fatiguée.

— Alors repose-toi

— *Tu as raison.*

Je vois très bien ce qu'elle veut dire.

Après avoir raccroché, passe un moment où je reste interdite. Comme vidée, je regarde dehors sans ne rien voir. Un besoin s'impose à moi, je n'ai jamais ressenti cela auparavant. J'ai l'impression d'être hors de mon corps, comme s'il agissait seul, il m'amène devant le tiroir à ustensiles.

J'y prends mon calepin, tourne quelques pages puis un mot après l'autre je grave « Erick » sur le papier. Une flopée d'émotions se succèdent en moi, la colère, la tristesse. Elles sont si violentes que j'en ai peur. Je le ferme, mon crayon tombe, je me baisse pour le ramasser, un bruit de feuille me fait sursauter. *The White Side* est ouvert, pourtant je suis sûre de l'avoir clos. Je m'en saisis et renouvelle l'opération, puis retourne à ma contemplation de l'extérieur, tentant de chasser cet état étrange. Une brume envahit la rue. Encore le son du papier, je me retourne, le carnet est ouvert.

Camille

Je repose sur le plan de travail le verre d'eau que je viens d'avaler d'une traite. Mes mains tremblent de chaque côté de celui-ci.

Combien de temps vais-je pouvoir continuer ainsi ?

Je crois que je ne m'en sors pas trop mal pour l'instant. Quand les filles m'ont questionnée sur la paternité de mon enfant, j'ai pris la première personne qui me venait en tête et comme je me réfugie dans le travail en ce moment… Damien est le prénom qui m'a traversé l'esprit en premier. Il a tiré le gros lot. Heureusement pour moi, il acceptera que je lui demande un service. J'ai même tendance à penser qu'il va essayer de s'engouffrer dans la brèche.

L'heure affichée sur l'écran numérique du four m'informe que Pierre sera là d'une minute à l'autre. Je vais me regarder dans le miroir de la salle de bain. Est-ce que les mensonges s'inscrivent sur le visage ?

Mentir à Pierre.

Mentir à mes amis.

Mes mains se posent sur mon ventre. Mentir à lui ?

Il y a un petit être qui pousse en moi et je trouve cela merveilleux. Je voudrais être heureuse.

Je détaille chacun de mes traits. Je suis horrible.

La porte d'entrée s'ouvre. J'accroche un sourire qui sent le faux à mes lèvres et me dirige vers Pierre.

— Hey! le salué-je, enjouée.

— Hmmm.

Je m'arrête net.

— Ça va?

— Oui, mais j'ai encore des tas de trucs à faire pour le boulot…

Il continue de parler, je n'écoute rien de ce qu'il me dit. J'ai appuyé sur le mode muet de la télécommande de mon cerveau. Il ne m'a pas embrassée ni ne se demande comment moi je me sens et s'épand sur son travail. Je crois qu'il ne m'a même pas vue. Ça pourrait être triste à mourir, mais j'ai envie de rire. Le voir s'agiter, les joues rougies, son air sérieux avec ses sourcils froncés alors que je n'entends pas un mot de ce qu'il raconte.

Je tousse pour masquer un éclat de rire. Les larmes me montent aux yeux.

Tout à coup, je ne perçois plus de bruit de fond.

— Tu vas bien?

— Oui, oui, excuse-moi. Je repensais à une blague.

Un fou rire incontrôlable m'emporte.

Pierre hausse les épaules et s'engouffre dans notre chambre.

7 MAI 2019

Solveig

Un brouillard épais m'enveloppe. J'avance à l'aveugle, The White Side dans les mains.

— Quelqu'un m'entend ?

Une voix masculine me parvient.

— Qui est là ? demandé-je

J'ai du mal à respirer, je me sens oppressée, triste.

Je répète ma question. Sans réponse. Je continue ma progression. Quelque chose me retient. Je me débats, mais ne parviens pas à me libérer. Je hurle à m'en briser les cordes vocales.

L'homme m'interrompt :

— Je m'appelle Erick, je suis perdu, je n'arrive pas à retrouver mon chemin, vous pouvez m'aider ?

— C'est Solveig... Je vais venir !

Mon cœur s'affole. Je me libère enfin et le cherche sans rien y voir. Je fouille, mais ne le trouve pas.

— Solveig ?

Je suis projetée en arrière. Un sentiment de peur immense m'envahit.

— Erick ! hurlé-je.

**

Je n'ai pas reçu de message d'Erick. Ce cauchemar doit

être le résultat de mon inquiétude, pourtant cela semblait si réel. Au fond de moi, j'ai l'impression qu'un abîme de douleur s'est logé. Je cherche à reprendre contact avec le réel et me rends dans la salle de bains. Ma main glisse sur la faïence froide puis passe sous le robinet. Volontairement, je lui fais cracher une eau glacée que j'envoie valser sur mon visage engourdi. J'ai laissé au-dessus du lavabo la vieille armoire à pharmacie à trois miroirs, surplombée d'un néon. Celui-ci se met à clignoter dangereusement. Manquerait plus que je me retrouve dans le noir.

Je m'asperge à nouveau la figure, puis à tâtons attrape ma serviette pour m'éponger. Sur le bord du lavabo, je distingue entre deux passages du tissu sur mes yeux, *The White Side*. J'arrête mon mouvement afin de vérifier ce que j'ai vu, mais il n'y a que mon pot de crème hydratante. Je me précipite à travers la maison, et trouve le carnet bien à sa place.

Je vais tâcher de boire un café et me concentrer sur mon problème du jour, Camille. Je dois répondre à mon éditrice pour savoir si j'accepte de tomber pour la première fois l'anonymat. J'ai réfléchi à cela une partie de la nuit et je n'ai toujours pas de réponse. Je sais qu'elle m'en voudrait si elle le découvrait sans que je ne lui aie dit. Camille ne supporte pas le mensonge et là… Ce n'est pas vraiment un mensonge, juste une omission.

Je culpabilise. Et si cette interview pouvait l'aider dans sa carrière ? Je suis dans la mouise ! Endosser le rôle de L me paraît difficile en ce moment, je n'en ai pas envie, je ne sais même pas si je saurai donner le change par écrit.

Et si je prétextais une extinction de voix ?

Objet : Interview.
Wendy,

Je suis vraiment désolée, mais je suis aphone!
Bien à toi.
L

Le soulagement que je ressens me confirme le bien-fondé de cette décision.

Installée sur ma terrasse, je bois un café. Dépitée, je broie du noir. Je n'ai pas de solution pour le travail, aucune annonce ne me tapant dans l'œil. Je ne peux rien faire d'autre qu'attendre de savoir si Damien peut me donner un coup de pouce dans la recherche d'Erick.

Un petit tour matinal dans la cuisine m'informe qu'il est nécessaire d'aller faire quelques courses. Mon frigo est vide.

Le son de mes pas sur le bitume résonne. Il trouve son écho dans les immeubles haussmanniens qui bordent la ruelle. Il ne fait pas encore jour, mais plus tout à fait nuit. Une odeur de viennoiseries vient chatouiller mes narines. Aucun bruit autre que celui de mes talons ne me parvient. Pourtant, cela ne va pas durer. Bientôt, je serai sur l'avenue, les voitures envahiront l'artère principale. Des piétons fouleront par dizaine les trottoirs. Les klaxons des voitures coincées capot contre capot dans des embouteillages interminables ponctueront le début de la journée.

Mais ce n'est pas encore le cas.

Je cherche à ouvrir ma portière. Difficile sans la clé – ce n'est a priori pas ma journée.

La ville, le jour, ses bouchons. J'ai horreur de ça. C'est pour cela que j'essaie de me déplacer un maximum à pied. Mais pour les courses, je n'ai pas vraiment le choix. J'ai essayé une fois et me suis retrouvée à faire des pauses tous les cent mètres du fait d'avoir trop chargé mes sacs.

Mon portable sonne. Je suis tentée d'y jeter un œil, mais me retiens. On va éviter de tuer quelqu'un. Une fois arrivée sur le parking du centre commercial, je m'empresse de regarder de qui provient l'appel, il s'agit de Camille. Je tente de la joindre, mais tombe sur sa messagerie. J'ai l'espoir qu'elle ait de bonnes nouvelles et que Damien ait accepté d'effectuer quelques recherches. Je réessaie dans l'instant, elle ne décroche toujours pas.

Entre les salades et les tomates, une musique qui ne m'est pas inconnue me parvient. C'est mon téléphone qui sonne à nouveau, alors je lâche tout et fouille dans mon sac, je pousse mon portefeuille, fais tomber mes clés puis attrape mon téléphone. Je réussis même à décrocher à temps.

— *Coucou !*

— J'ai bien cru qu'on n'allait jamais y arriver, dis-je en ramassant mes clés.

En me redressant, je m'assomme à moitié au chariot et jure comme un charretier.

— *Enfin, peut-être pas à ce point quand même ! rit mon amie.*

— Je… Laisse tomber. Comment vas-tu ?

— *Ça ne va pas si mal.*

— Tu as eu Damien ?

— *Oui, et je lui ai demandé pour Erick.*

— Merci, et tu lui as parlé de toi ?

Mon amie se racle la gorge.

— OK on en reparlera plus tard !

— *Il a dit qu'il acceptait de regarder cette histoire de plus près, je lui ai communiqué les éléments que tu m'as donnés. Il a donc commencé par vérifier si sa voiture a été retrouvée ou s'il a pris une amende. De ce côté-là, rien.*

— OK…

— *Il a demandé à son opérateur et sa banque s'ils voulaient bien transmettre les relevés de ces derniers jours. Il a eu le relevé téléphonique il y a quelques minutes, mais la banque n'a encore rien envoyé.*

— Arrête de faire durer le suspense, qu'est-ce qu'il en ressort concrètement ?

— *Visiblement, le dernier numéro dont il a reçu des appels et qu'il a lui-même contacté à plusieurs reprises au jour de son départ est une entreprise de construction. C'est cette même entreprise qu'il a jointe à l'heure où il est parti de son bureau.*

— Donc on sait où il est allé !

— *Oui. Ensuite le téléphone de ton ami a fonctionné seulement pour quelques connexions internet.*

Mon ventre se noue.

— Ce n'est pas bon ça, hein ?

— *Je ne sais pas. Il veut peut-être simplement être tranquille.*

— C'est vrai.

— *Par contre, Damien n'étant pas affecté à la recherche de ton ami, il m'a donné le numéro et le nom de la boîte. Il ne pourra pas enquêter.*

— Pas de soucis, c'est déjà très gentil de sa part d'avoir pu récupérer ces informations. Je vais m'en occuper, tu m'envoies tout ça ?

— *Ça marche, et je t'appelle pour te donner les prochains éléments qu'il arrive à avoir.*

— Merci beaucoup !

Je raccroche et regarde autour de moi, le rayon légumes est plein, j'observe les gens, un à un. Ils continuent leur vie comme si de rien, alors que des questions se bousculent dans ma tête. Ils devraient s'arrêter de bouger, de vivre, tant que cette histoire n'est pas réglée.

Je veux en savoir plus !

Je fais les courses à la vitesse de l'éclair pour pouvoir appeler quand j'aurai le numéro. Il ne tarde pas à arriver, mon amie a été rapide. Moi aussi, pour rentrer chez moi et remplir les placards.

The White Side et un stylo sont posés devant moi, prêts à consigner ce que l'on va me dire. Je m'apprête à appuyer sur l'icône verte lorsque l'on frappe et entre chez moi. Ma maison se transforme en moulin et cela ne me convient pas du tout. Énervée, j'amorce un début de phrase lorsque je me trouve nez à nez avec une Elise, semble-t-il, bien plus en colère que moi.

— Tu as un copain que je ne connais pas, qui a disparu… Et en plus, tu ne m'en parles pas !

— Salut Elise. Comment vas-tu ?

— Je te parle, saleté de blonde !

— Eh oh, tu te calmes un peu, s'il te plaît ?

— Mouais, je n'en ai pas très envie. Baptiste et Camille savent plein de choses dont je ne suis pas au courant, donc tu vas te grouiller de passer aux aveux avant que je ne me vexe vraiment. Depuis quand fais-tu de la sélection amicale ?

— Ce n'est pas ça. Je ne voulais pas vraiment en parler, mais j'avais besoin de l'aide de Camille et de son Damien. Quant à Baptiste… Je pense que s'il n'est pas en couple avec la sœur d'Erick, cela ne devrait pas tarder.

— Baptiste !? En couple ?

— Ouais, je crois que c'est du sérieux.

— Ah…

Ma copine se détourne un peu et se dirige vers mon frigo. Elle ne dit rien, ça ne lui ressemble pas.

— El', ça va ?

Elle se racle la gorge en se servant une bière.

— Ça va, je suis juste un peu surprise.

— Il n'allait pas t'attendre pour rien pendant encore des années.

— Oui, oui bien sûr. Je sais bien. Tu en veux une ?

Je regarde l'heure, on a qu'à dire que c'est celle de l'apéritif.

— OK, je t'explique tout, mais d'abord j'ai un coup de fil urgent à passer alors tu t'installes sur la terrasse ?

El' hoche la tête et prend la direction indiquée. Je tombe sur une standardiste qui vérifie les agendas, me fait patienter encore et encore, puis finit par me transférer à la personne qui a contacté Erick.

— Bonjour Monsieur. Je m'excuse de vous déranger, je suis Solveig Morel. J'ai quelques questions importantes. J'espère que vous accepterez de répondre.

— Bonjour. Allez-y, je n'ai pas beaucoup de temps.

— Bien, vous avez contacté M. Johansson le 2 mai sur son portable.

— Ça me dit quelque chose… M. Johansson. Une minute…

Un bruit de pages que l'on tourne me parvient.

— Effectivement.

— Je voulais savoir s'il était venu vous voir.

— Oui, tout à fait.

— D'accord, votre rendez-vous a-t-il duré longtemps ? Enfin vous avez eu les informations dont vous aviez besoin ?

— M. Johansson est resté le temps qu'il fallait. Et malgré un léger désaccord, il est resté très professionnel.

— Un désaccord ? Sur un dossier en commun ?

— Oui, enfin, pourquoi toutes ces questions, Madame…

— Morel, répété-je en me raclant la gorge.

— Donc pourquoi ?

— Euh… Une enquête de qualité auprès de nos clients.

— Oh, vous travaillez pour le bureau Légis ?

— Non, une boîte indépendante. Une dernière question, savez-vous où il allait après vous avoir quitté ?

Le type ne répond pas tout de suite.

— Je crois qu'il devait rentrer à son domicile.

— Je vous remercie Monsieur pour vos réponses.

— Attendez, vous m'avez dit que vous travaillez pour quelle société ?

— Je ne vous l'ai pas dit.

Je raccroche brusquement le téléphone. Il devait rentrer chez lui, mais il ne l'a pas fait. Je déglutis violemment. Je fais ça quand je suis stressée, entre autres choses. Bref. Une nouvelle série de questions commence à se dessiner. Mais je n'ai pas le temps de réfléchir plus, car déjà Elise passe sa tête par la baie vitrée.

— Maintenant, tu viens t'expliquer, chérie !

Et c'est ce que je fais, je parle d'Erick, de nos échanges, de nos rires et de mes pleurs. De ce cauchemar où il était perdu dans un brouillard.

Elise m'écoute sans me couper puis quand j'ai fini, elle me tend sa bière. Je la refuse, mais file à l'intérieur chercher la mienne.

— Eh bien, tu devrais aller le chercher, ton Erick !

Je m'interromps dans l'ouverture de ma bouteille, interloquée. El' le voit, car elle argumente.

— Sur place ce serait plus facile, s'il n'est pas bien tu pourras peut-être l'aider…

— Ah oui, et tu te rappelles que cette entreprise est à au moins quatre heures de route et que j'ai un travail ? Certes, il ne me comble pas en ce moment, mais…

— Pose des vacances.

— Et comment je procède ?

Je m'imagine sur place, ne sachant où aller, dans une ville que je ne connais pas.

— Tu demandes à ta chef !

— Hein ?

Elle me regarde un sourire en coin et je comprends enfin sa blague.

— Tsss…

— Commence par aller voir cette entreprise, peut-être que la secrétaire l'aura vu et puis tu improvises !

— Je ne sais pas... Tu crois ? Enfin, je ne vais pas penser à tout ! Et puis, je ne suis pas flic ni détective...

Je dis ça, mais en fait je sais très bien. Elle vient de me donner l'espoir dont j'avais besoin.

— Sinon t'engages un détective.

— Euh, je suis aide-soignante, pas Crésus !

— OK. Alors la solution vacances semble être la meilleure.

— Peut-être que tu as raison. Au moins je serais fixée, sa sœur aussi.

— Ouais, par contre tu nous tiens au courant et au moindre truc qui t'inquiète, tu nous appelles. Tu ne joues pas à la super-héroïne sexy.

— Dis toujours que je ne le suis pas !

— Héroïne ou sexy ?

— Euh...

— Tu es mon héroïne, Amandine !

— Non. Moi, c'est Solveig.

On se sourit, complices. Cette référence musicale tombe à pic. Le rire nous envahit. Elise n'a pas son pareil. Nous plaisantons, complices, et partageons un agréable moment, si bien que je ne vois pas le temps passer.

Tout à coup, elle se rembrunit.

— Qu'est-ce qu'il y a ? m'inquiété-je.

— Je...

— Oui ?

— Je dois y aller. C'était chouette de passer un moment avec toi.

— Ça n'a pas l'air ! Tu fais une de ces têtes !

— Sympa ! dit-elle tout en faisant une moue faussement vexée.

— Toujours.

Elle m'embrasse sur les deux joues, me serre dans ses bras.

— Excuse-moi, Solveig.

Je ne sais pas de quoi elle parle, mais l'explication devra attendre.

Une fois qu'El' est partie, je m'installe derrière mon ordinateur pour voir comment je peux organiser un minimum mon futur voyage.

Un mail de mon éditrice arrive.

Objet : Tolérance zéro.
Aphone ou pas aphone, il va falloir que tu fasses avec !
Wendy

Me voilà coincée.

Elise

J'ai donné le change – je crois. J'ai failli lui parler, mais ce n'était pas le moment. On partageait un moment de complicité et j'étais prête à lui balancer que j'avais couché avec son ex. J'ai été lâche. Je ne me suis pas sentie d'assumer. Puis quand Solveig m'a annoncé la relation de Baptiste et Kristin, j'ai senti une lame s'enfoncer droit dans mon cœur. C'est idiot. J'ai quitté Baptiste alors qu'il était un petit ami en or, il me parlait d'avenir quand je pensais à me faire mon expérience. Si je suis partie, ce n'est pas que je n'étais pas bien avec lui, juste pas prête pour lui. Ce n'était pas le bon moment.

Et si je m'étais trompée ?

Je rentre à pied, le cœur traînant derrière moi comme les casseroles derrière une voiture de jeunes mariés. Il rebondit sur le trottoir, se heurte à un réverbère, trempe dans le caniveau. Il bute et souffre à chaque marche de l'escalier de l'immeuble.

Simon est rentré. Ses affaires sont posées dans l'entrée. D'habitude, je serais allée lui poser un baiser au coin des lèvres, on aurait parlé de notre journée, ri. Pas aujourd'hui.

Je me souviens quand on s'est rencontrés. Ça n'allait plus avec Baptiste. Pour le coup, j'avais le beau rôle. J'étais celle qui doucement s'éloignait.

Je sortais du supermarché. À ma grande habitude, je n'avais pas pris de chariot. Pour faire trois achats, pas besoin de s'encombrer de cette horreur immanoeuvrable et me retrouvais avec une pile en équilibre sur les bras. Cette fois n'avait pas fait exception et alors que je cherchais à me saisir des clés de ma voiture sans faire une omelette des œufs qui trônaient entre le haut de la pile et mon menton, elles s'étaient échappées pour rejoindre le goudron.

C'est là que Simon a fait son entrée tel un chevalier servant. Il a ramassé mes clés et m'a aidé à charger mes courses. Pour le remercier, je l'ai invité à boire un café et on ne s'est plus quitté.

Je voudrais juste m'asseoir en boule et pleurer. Moi qui suis un boute-en-train invétéré, j'ai l'impression de ne plus être moi-même. Je dois me mettre un coup de pied au derrière, ce n'est pas possible.

Il me faut quelque chose à quoi me raccrocher.

Quand je ferme les yeux, dans mon lit, il m'arrive de rêver de voyage. Je n'ai eu l'occasion de voyager dans un autre pays qu'une fois, j'avais treize ans, en Espagne. J'en garde un merveilleux souvenir. Des vacances, c'est peut-être ça qu'il me faut. Qu'il nous faut. Changer d'air afin de nous retrouver.

Mais d'abord, je dois savoir s'il est prêt à sauver notre couple ou s'il a déjà abandonné.

Simon sort de son atelier.

— Ça va ?

— Oui je reviens de chez Solveig. Et toi, tu as bien avancé ?

— J'ai encore du boulot, mais oui. Comment va Solveig ?

— Elle a un ami qui a disparu, je dirais qu'elle est vraiment dans une sale période, mais elle semble s'en sortir.

Il ne réagit pas, du coup je me demande s'il m'écoute vraiment. Je me sers un verre d'eau et lui en propose un avant de poursuivre.

— Tu savais que Baptiste était en couple avec la sœur de cet ami, justement ?

— Non je ne le savais pas.

— Eh bien voilà je te l'apprends. C'est étonnant. Tu crois qu'elle va faire combien de temps, celle-là ?

— Il fait ce qu'il veut, non ?

— Oui m'enfin, ce n'est pas son genre d'être en couple.

Simon croque dans une pomme, je suppose son seul repas de la journée. Quand il peint, il a tendance à tout oublier, même manger.

— Il l'a bien été avec toi.

— Oui, mais c'était moi.

— Et c'était il y a plus de trois ans, Elise.

— Oui, d'ailleurs…

— Je ne comprends pas pourquoi tu en fais tout un plat !

— Je n'en fais pas tout un plat, rétorqué-je, on parle, c'est tout.

— Bien sûr que si. Tu fais toujours un plat de tout.

— Sympa !

— J'ai mon discours pour le vernissage de mon expo à préparer, je vais retourner bosser.

— Tu ne veux pas rester un peu ? Je voulais te parler de quelque chose.

— De Baptiste et sa nouvelle nana ? Non merci. À plus tard.

Il retourne s'enfermer et je me demande comment cette conversation a pu dégénérer si brutalement.

9 MAI 2019

Solveig

Je jette quelques pièces sur le comptoir et récupère le journal que je viens d'acheter. Camille a publié son article-enquête – et j'ai pour habitude de lire son travail.

J'en profite pour aller dans le parc. Le chemin entre la presse et l'endroit où je compte m'installer n'est pas long. Je m'assieds au pied d'un arbre. Pas qu'il n'y ait pas de banc disponible à cette heure, c'est juste que je préfère ça. Je déplie le journal et me mets à lire. Un article m'attire l'œil. Il parle du suicide du chanteur d'un groupe très connu. Sa mort me touche, alors que je ne le connais ni d'Adam ni d'Ève. Je suis étonnée par ma réaction. J'ai tendance à vivre ce genre d'événements de très loin. Là, les souvenirs refont surface.

Je me rappelle précisément quand j'ai eu leur premier album entre les doigts. J'habitais encore chez mes parents. Jeune adolescente, je mettais le son le plus fort possible sur la chaîne Hi-fi que j'avais trouvée dans une poubelle pas très loin de chez moi. D'abord, c'était assez nouveau. Leur musique. Un mélange de métal et de rap, des guitares qui permettaient d'aller frapper les tympans de mes parents. Bien plus fort que mes poings n'en seraient jamais capables. Et des paroles qui me prenaient aux tripes et leur faisaient faire des montagnes russes. Tout à coup, je n'étais plus seule. Et puis je pouvais danser comme une dingue les cheveux en avant, ultime séance de sport de la journée.

Il a choisi de mourir alors que ses paroles ont permis à des milliers de gens de s'en sortir. C'est assez ironique. Je parcours de mes doigts la photo de couverture puis lis l'article qui lui rend hommage. Il est à la hauteur. Je ferme les yeux un instant.

Je me retrouve propulsée à seize ans. Je rentrais du lycée et étais montée me cloîtrer dans ma chambre. La journée avait été déplorable, je ne sais plus pour quelle raison et un coup d'œil au visage de mon père m'avait informé que la soirée pouvait très bien l'être aussi. Des cadavres de bouteilles étaient exposés sur la table à manger, m'alertant sur l'état dans lequel il se trouvait. J'avais mis la musique à fond, il était entré en furie dans ma chambre, une dispute s'en était suivie – et achevée par l'envol de ma chaîne par la fenêtre. Après son exploit, il avait décidé que cela suffisait pour la soirée et était sorti. Je m'étais retrouvée là. Seule. À cette époque, les larmes et la peur avaient laissé place à la colère. J'avais attrapé un rasoir et brisé le plastique de celui-ci pour en retirer la lame. Je ne savais pas vraiment ce que j'allais faire. Jusqu'à quel point j'allais enfoncer cette lame dans ma chair. Allais-je privilégier mes veines, ou simplement faire couler ma rage hors de mon corps ?

Je me revois mettre mes écouteurs sur mes oreilles, et cette chanson qui ne faisait que mettre des mots sur tout ce que je ressentais, ce qui m'étouffait. Et la lame avait fini par glisser sur le sol. Parce que je pouvais faire autrement, et que j'allais le faire.

J'ouvre à nouveau les yeux. Le soleil m'éblouit. La réalité, le présent, reprennent leur droit.

— *Solveig ? C'est Kristin.*

— Comment vas-tu ?

Je me mords la lèvre d'avoir posé cette question en pareilles circonstances.

— *Je… Je voulais savoir si tu avais quelques nouvelles. Pour l'instant, il n'y a rien de neuf du côté de la police. Et puis comme il nous a écrit, ils estiment qu'il n'y a pas raison de le chercher.*

— J'ai appelé l'entreprise avec qui Erick avait rendez-vous, il est reparti de là-bas après s'être entretenu avec son client. Je n'ai pas eu plus d'information.

— *Mais s'il lui était arrivé quelque chose de plus grave… On l'aurait appris, non ?*

— Je pense, oui ! Enfin, je crois. Je ne sais pas quoi te dire.

— *Oui, excuse-moi.*

— Non, non, ne t'excuse pas. J'aimerais tellement avoir une réponse.

— *Je sais.*

— Peut-être qu'il a juste eu besoin de prendre de la distance comme il nous l'a expliqué.

— *Oui, seulement ça ne lui ressemble vraiment pas.*

— OK, écoute, j'envisage d'aller sur place.

— *C'est-à-dire ?*

— Je vais me rendre dans cette entreprise. Peut-être qu'ils ne m'ont pas tout dit, ou que la secrétaire l'a vu.

Elle ne prononce pas un mot.

— Ça t'embête ? Enfin, tu crois que je ne devrais pas ?

Ça ne me pose aucun problème, au contraire !

— D'accord, je dois prendre mes dispositions parce que je viens de me décider, mais je vais essayer de le retrouver, Kristin.

— *Pourquoi fais-tu tout ça, Solveig ?*

— Je dois le faire, c'est tout.

— *OK.*

— Tu crois que tu pourrais m'envoyer une ou deux photos ? Je n'en ai pas… En fait, je ne sais pas à quoi il ressemble.

En prononçant cette phrase, l'aspect absurde de partir chercher quelqu'un que je ne connais pas dans la vie réelle me percute de plein fouet.

— *Bien sûr. Je fais ça de suite.*

— Merci

— *Appelle-moi dès que tu en sais plus, hein ?*

— Bien sûr.

Mon téléphone remplace le journal au sol.

Je me surprends moi-même. C'est donc sûr.

— Je pars à sa recherche, réalisé-je en me grattant la tête hébétée.

10 MAI 2019

Camille

Un mail de la maison d'édition de L m'a informée hier qu'elle avait enfin accepté une interview. Le rendez-vous a été posé plutôt rapidement puisque je dois la rencontrer demain dans un café.

Je relis les derniers articles parus à son sujet. Ils sont assez légers, cela me laisse une assez grande marge de manœuvre pour les questions.

Je tapote nerveusement sur mon clavier. Efface. Recommence. Puis réussis finalement à préparer plus ou moins convenablement cette rencontre. Une chance pour moi d'avoir adoré ce livre.

Cela m'est arrivé de devoir questionner un auteur dont je détestais les écrits et je me suis promis de ne plus jamais recommencer, ça s'est transformé en désastre et j'ai décidé de ne pas publier le résultat de cette entrevue.

Je lance la radio sur mon ordinateur, des notes de piano sont crachées par les haut-parleurs. Je m'adosse à la chaise et arrête ce que je fais pour monter le son.

« *Une nuit je m'endors avec lui*
Mais je sais qu'on nous l'interdit
Et je sens la fièvre qui me mord

Sans que j'aie l'ombre d'un remords
Et l'aurore m'apporte le sommeil
Je ne veux pas qu'arrive le soleil... »

Je déglutis violemment, les mots prennent un sens nouveau, à vraie dire je n'avais jamais à ce point porté un intérêt à cette chanson. La chaise bascule et manque de s'écraser au sol quand je me lève pour aller cherche la tisane qui infuse dans la cuisine.

« ... *Et je me demande*
Si cet amour aura un lendemain... »

Je m'immobilise, un peu tremblante, découvrant un poids qui semble s'alourdir dans ma poitrine.

« ... *Quand il me serre tout contre lui*
Quand je sens que j'entre dans sa vie
Je prie pour que le destin m'en sorte
Je prie pour que le diable m'emporte
Et l'angoisse me montre son visage
Elle me force à parler son langage... »

Je pleure en silence, pétrifiée par Véronique Sanson, et me sens soulagée lorsque le *jingle* de la radio prend le relais.

11 MAI 2019

Solveig

Il est l'heure du rendez-vous – celui où j'assume au grand jour ma petite omission. Mes mains sont moites, ma bouche est sèche, j'ai envie de partir en courant. Aucun doute, je stresse.

Je me suis installée à une table face à l'entrée, j'ai attrapé un journal qui traînait là et j'attends. Cachée. Jusqu'à la dernière minute. Il me semble qu'on pourrait entendre un saxo en fond, un solo. Qu'un narrateur pourrait raconter l'état d'esprit dans lequel je me trouve. Une voix à la Gabin. Une autre époque. Au lieu de ça, j'ai du Martin Solveig craché par des haut-parleurs de mauvaise qualité. Cam' passe la porte. Elle tourne sur elle-même, ne me voit pas et s'installe elle aussi. Elle sort son ordinateur et mon livre. J'ai l'impression d'être une espionne à la regarder par-dessus mon journal. Elle commande à boire et je me dis qu'il est temps que j'y aille.

Je pose mon journal et commence à me lever quand je réalise que mon amie est en train d'en faire de même. Elle part en trombe, direction les w.c.. Les minutes passent, elle fait à nouveau son apparition.

Je me dirige vers elle.

— Solveig ?

— Salut.

— Ouh, je suis contente de te voir.

Elle me serre dans ses bras.

— J'attends L, tu sais l'auteure sur laquelle je dois faire un papier. Je suis assez excitée. Tu te rends compte, je suis la première à la rencontrer ! poursuit-elle.

— C'est super ! Justement...

— Et toi qu'est-ce que tu fais là ?

Je prends ma respiration pour enfin passer aux aveux quand je réalise que Camille a un drôle de regard.

— Tout va bien ?

— Attends, je dois m'asseoir.

— Tu veux un verre d'eau ?

— Oui, s'il te plaît.

Mon amie devient blanche comme un linge.

— J'ai la tête qui tourne.

Là où j'ai de la chance, c'est qu'elle s'est installée sur une banquette. Je l'allonge et lui surélève les jambes.

La serveuse arrive, catastrophée.

— Qu'est-ce qu'il faut que je fasse ? J'appelle les pompiers ?

Je la rassure et lui dis d'attendre un peu.

Je parle à mon amie qui me répond. Doucement, son malaise cède et elle peut se rasseoir.

— Allez va, je te ramène chez toi.

— Non, je dois voir L !

— Écoute, elle comprendra. Là, il s'agit de ta santé. On y va et puis c'est tout.

Cam' hoche la tête et se laisse guider.

Je l'aide à s'asseoir dans ma voiture et nous partons.

— Je n'arrive pas à croire que j'ai planté L.

— Envoie-lui un mail !

— Tu as raison.

Je l'observe pianoter à la vitesse de la lumière, quand tout à coup je réalise que mon portable n'est pas en silencieux. Je m'en saisis et appuie sur le bouton de volume juste à temps. Je ne suis pas sûre que mon cœur résiste à cette journée.

13 MAI 2019

Solveig

— Solveig ?

Je sursaute. Il m'a semblé entendre mon prénom venir de la cuisine. Si ça se trouve, Baptiste a encore cru qu'il pouvait entrer chez moi comme dans un moulin. Je me lève, prête à lui dire ce que je pense, mais trouve la pièce vide.

— Il y a quelqu'un ?

Pas de réponse. J'ai dû rêver.

Dehors, encore cette purée de pois, on n'y voit pas à un mètre. Ravie de ne pas avoir à mettre le nez dehors, je rejoins ma couette et mon journal pour découvrir enfin les mots de Camille et les miens – ceux de L. Finalement, nous avons procédé par échange d'e-mails.

**

Je plie consciencieusement le journal et le pose à mes côtés. Il est temps.

En composant le numéro de l'hôpital, une certaine appréhension m'étreint. Ma cadre peut me refuser mes vacances.

Je fais ma demande, défends ma cause, elle m'accorde finalement deux semaines – pas une de plus – à compter de ce jour. J'ai bien vu que ça lui posait problème. Je crois qu'elle a eu pitié. Peu importe le pourquoi, elle a accepté et je vais pouvoir partir à la recherche d'Erick.

Je compte prévenir tout le monde de mon départ. Enfin, mes amis. À l'image d'Elise et sa visite impromptue, si je ne le fais pas, je crains d'avoir une remise au point de chacun d'entre eux – et je m'en passerais volontiers.

Pour ce faire, rien de tel qu'une soirée dans un bar. Je fixe rendez-vous au *St Patrick* en ajoutant au message qu'aucun d'entre eux n'a le droit de se défiler. Je sais que quoi qu'il arrive ils seront là. Parce que je peux compter sur eux. Ils ne sont pas parfaits, mais qui l'est ? Certainement pas moi. Par contre, ils ont tous quelque chose en commun. Ils sont loyaux. Entre nous, on ne se trahit pas.

Ce soir, je ne porte pas de talons, ne me suis pas pomponnée. Ce soir, je suis là, prête à me lancer dans cette aventure. Loin de mes habitudes. Il n'est plus temps au doute, aux réflexions sur l'avenir. J'ai l'intuition que le choix que je viens de faire va influencer tout le reste de ma vie. Je ne parle pas seulement du fait d'aller à la recherche de cet homme : je mets mon travail de côté. Il y a quelques semaines, je pensais donner un nouvel élan à ma vie, mais c'est elle qui m'en a donné un.

Aucun de mes amis n'est encore là. À vrai dire, il n'y a personne. Des lumières rouges et bleues éclairent la scène. Un groupe doit se produire un peu plus tard. Pour l'heure, une musique d'ambiance vient rendre l'établissement plus accueillant. Derrière son comptoir, en train de le briquer avec un chiffon, la serveuse me scrute. Je m'assieds devant elle et passe commande. Elle ne sourit pas, agit comme un automate, je la regarde faire et m'imagine ce qui peut rendre une belle fille comme elle si fermée.

Je suis interrompue dans ma réflexion par une main qui se pose sur mon épaule.

— Bonjour mademoiselle !

Alors que je me suis raidie à ce touché inattendu, le son

de la voix me permet de me détendre. Simon se tient derrière moi.

— Tu es seul ?

En effet, Elise ne l'accompagne pas.

— Oui.

— Ben raconte !

— Je vais déjà commencer par boire un coup si tu le permets.

Je jette un œil à mon verre déjà vide.

— Tu as raison, demandons à cette douce serveuse de nous apporter du ravitaillement.

Simon me regarde, étonné.

Alors qu'il commande son whisky je me retourne dos au zinc afin d'observer la salle et vois Elise et Cam' arriver. Je vais devoir patienter pour les explications.

— T'as raison cette nana est aimable comme une porte de prison. M'enfin on va dire que je prends l'habitude de communiquer avec des portes de prison en ce moment.

— Affiche ton plus beau sourire et tais-toi !

J'entends Simon ricaner dans mon oreille.

— Salut la compagnie, lance Camille.

— Allez, on va s'installer à une table pendant que vous commandez ! dis-je en tirant Simon par le bras.

Évidemment, il ne faut pas longtemps ni aux filles pour nous rejoindre ni à Baptiste pour arriver.

— Pierre a du retard ? demande Baptiste.

— Pierre ne viendra pas, répond Camille.

Elle se racle la gorge et rougit violemment.

— Pierre et moi nous sommes séparés, reprend-elle.

Elise et moi nous regardons. Bien sûr nous savons pourquoi, mais elle doit expliquer aux garçons.

— Raconte ! s'exclame Baptiste.

— Ouais, enfin ce n'est pas moi qui ai demandé à tout le monde de venir ce soir, donc...

— Vas-y, la rassuré-je.

— C'est une blague ? questionne Simon qui semble sous le choc – à tel point qu'il réagit avec un certain décalage temporel.

— La situation actuelle est trop compliquée.

— C'est une blague.

— Mais tu vas te taire ! exigé-je en le poussant.

Simon lève les deux mains en signe de reddition.

— Je ne veux plus être avec Pierre... je...

— C'est toi qui l'as quitté ? demande-t-il malgré tout.

— Oui.

Camille regarde Simon et je ne sais pas si je me fais des idées, pourtant j'ai l'impression que quelque chose m'échappe, se dit en ce moment, mais que je ne peux pas l'entendre.

— Pierre est aussi votre ami, et je ne veux pas que...

— Ah non, désolée, il n'a jamais été le mien, rappelé-je.

Baptiste rit de bon cœur, avant de s'expliquer :

— Excusez-moi, je me rappelle juste la fois où Solveig lui a planté la tête dans son plat au restaurant. Non, tu ne l'as jamais aimé. Je l'appellerai demain, ne t'inquiète pas Camille.

Simon reste interdit et personne à part moi ne semble avoir relevé son malaise.

— J'ai toujours su que tu étais jaloux. Ne t'inquiète pas, je le garde en mémoire pour te faire subir le même sort, chambré-je Baptiste.

— Je te remercie, Solveig, rétorque mon ami alors qu'il mime du bout des lèvres un « sale garce ».

— Les amis sont faits pour ça.

Le sourire forcé que j'arbore fièrement lui extirpe un doigt d'honneur.

— Je ne te connaissais pas aussi vulgaire !

Derrière Baptiste, c'est Kristin qui vient d'arriver.

— Kristin je dois te prévenir que, là, ce n'est rien du tout, l'informé-je.

Elle rit discrètement et tire une chaise qu'elle amène autour de la table.

— Bonjour à tous, dit-elle appuyant ses mots d'un geste de la main.

— Je vous présente Kristin, ma petite amie.

— Eh ben ! Ça, c'est de la présentation officielle, chéri.

Elise a dit cela la mâchoire crispée.

— Ça y est ! C'est reparti, murmure Simon.

Je comprends mieux d'où viennent les tensions. Alors j'en profite pour glisser mon annonce.

— Kristin est aussi la sœur d'Erick, et si je vous ai réuni ce soir, c'est parce que j'ai pris la décision d'aller le chercher.

— D'aller le chercher où et pourquoi ?

Je réalise que Baptiste, Elise et Camille sont au courant de la disparition d'Erick, mais je n'ai pas du tout abordé le sujet avec Simon.

— J'ai fait la rencontre d'Erick quand j'ai déménagé, nous sommes devenus amis et il se trouve qu'il est allé à un rendez-vous pour son travail il y a onze jours et…

Je jette un œil à Kristin qui me fait signe de poursuivre.

— … Il s'est passé quelque chose. Il a envoyé des messages pour dire qu'il avait besoin de se retrouver seul et depuis il ne donne plus de nouvelles. Je ne peux pas le laisser comme ça, il a été là pour moi quand Erwann...

Je fais une pause dans mon histoire, car je sens ma gorge se serrer.

— Il a été là quand il le fallait et même si je ne le connais pas depuis longtemps, c'est important pour moi, me justifié-je.

Simon me regarde, interdit.

— Effectivement, à peine plus de deux mois, Solveig ! Et

tu dis que ça fait combien de temps ? Onze jours ? Tu ne le connais pas !

Mon ami se retourne vers les autres qui ne pipent mot. Kristin semble mal à l'aise.

— Vous trouvez ça normal, vous ?

C'est Camille qui prend la parole :

— Si Solveig en a besoin, ce n'est pas à nous de lui dire ce qu'il est bien ou mal de faire.

Simon plonge son regard dans le mien.

— J'en ai besoin, confirmé-je.

— Je comprends que tu accuses le coup pour Erwann et que la vie ne t'a pas fait de cadeau, mais ça ne me semble vraiment pas raisonnable, et c'est moi qui te dis ça !

— Je te remercie de t'inquiéter pour moi, cela dit ma décision est prise. Je vais commencer mes recherches au dernier endroit où il a été vu, c'est à dire chez L.V. Construction. J'ai posé deux semaines de congés et pars demain.

Personne ne rajoute quoi que ce soit, pas même Kristin qui semble épuisée. Ses yeux sont cernés, son teint est bien plus pâle que lors de notre rencontre et elle agrippe le bras de Baptiste.

— Tu fais le bon choix, me rassure Elise.

— Ouais, si t'as besoin de quoi que ce soit, renchérit Camille.

— Je t'appelle à la rescousse !

— Ça changera des fois où c'est toi qui me tires des mauvais pas !

— D'ailleurs, il va falloir que tu payes ta dette, la taquiné-je.

— Je regrette de t'avoir proposé mon aide, là.

— Menteuse !

— Je ne mens jamais. Sauf…

— Et sinon, lance Elise en se tournant vers Baptiste et Kristin, ça fait longtemps vous deux ?

— Non, c'est récent, explique la sœur d'Erick

— Et vous…

— Tu ne veux pas les lâcher ? la coupe Simon.

— Je m'intéresse, ça te pose un problème ?

— Vu ton comportement actuel, plutôt oui…

— Ah ouais ? Ça veut dire quoi, ça ?

— Ça veut dire que depuis que tu sais que Baptiste est avec quelqu'un, tu…

Je me permets d'intervenir avant que cette conversation ne dégénère vraiment :

— Je vous propose de discuter de tout cela sans nous, non ?

Mon amie me fusille du regard.

Je décide de passer pour l'égocentrée de service.

— Je pars donc demain et j'avais besoin de tout le soutien que vous pouvez m'apporter et puis Kristin que tu puisses me donner quelques informations sur les habitudes d'Erick. Si tu sais où il a l'habitude de loger par exemple.

— Oui bien sûr, je vais t'envoyer tout ça par mail.

La soirée se prolonge dans une ambiance assez étrange. Simon et Elise ne se parlent pas, Baptiste et Kristin restent dans leur coin, et Camille et moi essayons de garder un minimum d'unité.

La sœur d'Erick et mon meilleur ami décident de partir en premier. Elle me prend dans ses bras sans un mot. Je sais l'espoir qu'elle place dans mes recherches et espère ne pas la décevoir.

**

Nous sommes plantés devant le St Patrick, à faire les cent pas sur un trottoir, face au pub dans lequel nous crevions de chaud il y a encore quelques minutes. Je vais partir, je vais le chercher, je viens d'annoncer ma décision.

La nuit est déjà bien entamée, nous avons fait la fermeture. Pas que nous ayons eu tant à nous dire, mais plutôt qu'aucun de nous ne parvenait à mettre des mots sur ce qu'il avait sur le cœur. L'ambiance pesante des non-dits n'a rien d'agréable et pourtant aucun de nous n'arrivait à se résoudre à y mettre fin.

Les voitures roulent à vive allure sur l'avenue, leurs phares font échos aux lumières qui nous ont éblouis toute la soirée.

Simon semble sonné. Être ailleurs. Si tant est qu'il puisse l'être plus qu'à son habitude. Il est le premier à me saluer avant de partir, Elise sur ses talons. Mon amie est fermée comme une huître. Elle a été exécrable comme elle sait l'être par moments.

Camille les observe s'éloigner sans un mot. Je la questionne :

— Tu es sûre que tout va bien ?

— Oui, oui. Mon taxi va bientôt arriver, je suis juste un peu fatiguée.

— J'attends avec toi.

— Ne t'embête pas.

— Je ne m'embête pas.

Elle se contente d'un léger sourire en guise de réponse.

Je ne sais pas pourquoi, j'ai le ventre qui se noue, la gorge qui se serre. Je suis au bord de l'explosion. On pourrait croire que c'est le fait de mon départ imminent, seulement je n'en suis pas convaincue.

Une Peugeot 508 noire, lustrée avec soins, se gare devant nous. Elle est conduite par un type qui pianote sur deux téléphones en même temps. Je me demande si ce n'est pas dangereux de la laisser embarquer, d'autant qu'il a des lunettes de soleil vissées sur les yeux en pleine nuit. J'embrasse mon amie sur la joue avant de la voir s'installer sur la banquette arrière.

L'air frais me fait tressaillir – ou la trouille. Je me mets à fumer comme si ma vie en dépendait, comme si la nicotine avait le pouvoir de m'apaiser, tout en marchant pour rejoindre mon lit.

Tant pis si, pour cela, il me faut traverser le centre-ville et si je bataille ensuite à trouver la serrure qui se défile quand je souhaite y insérer sa clé, comme à chaque fois que je rentre de soirée.

Depuis que j'ai trempé les lèvres pour la première fois dans un verre d'alcool – au cours d'une fête sauvage au collège – je ne sais pas faire dans la demi-mesure. C'est soit rien soit tout. C'est valable pour la totalité de ce que j'entreprends. On aurait pu me croire prudente sur le sujet, vu mes antécédents familiaux, pourtant non.

Ce soir ne fait pas exception, même si je n'en suis pas non plus à marcher de travers. Mais c'est à quelque pas de chez moi que je réalise que j'ai peut-être quand même dépassé la dose prescrite.

Une brume épaisse a envahi la rue. Il y en a marre de cette fichue purée de pois, j'ai l'impression que 2019 est l'année officielle du brouillard. Je trébuche sur quelque chose et manque de tomber. Je ne vois même pas mes pieds. Cela devait être une bordure. Mon cœur est sur le point de transpercer ma poitrine. J'ai bien cru que la prochaine fois que l'on entendrait parler de moi serait pour lire un truc dans ce goût-là : « Solveig Morel, à peine vingt-sept ans, retrouvée gisant sur un trottoir, son alcoolémie tutoyant les étoiles. La jeune aide-soignante anonyme cachait en réalité bien son jeu et n'était autre que L »

— Solveig !

— Qui est là ?

Au fond de moi je sais à qui appartient cette voix, je dois être sacrément à l'ouest, car il lui est impossible d'être là.

On me touche l'épaule, je hurle à m'en faire péter les tympans et à m'en décoller les cordes vocales. Je tourne sur moi-même, les bras en avant et ne parviens pas à toucher quoi que ce soit.

— Cette blague est vraiment nulle... Qui est là ?

Ma question se perd dans la rue et personne ne me répond.

Peu à peu, le brouillard se dissipe et mes mains réapparaissent. Je cours les derniers mètres qu'il me reste jusqu'à chez moi et m'en-

ferme à double tour. Essoufflée, je m'écroule à genoux. Deux fois dans la même journée... Quand cette histoire sera finie, que je serai sûre qu'il est en sécurité, je prendrai rendez-vous chez un psy.

Simon

Tout le trajet s'est fait dans un silence de plomb. Ce n'est pas que je veuille enfoncer le clou ou faire la gueule parce qu'Elise est obnubilée par le fait que Baptiste est en couple pour la première fois depuis la fin de leur relation. Son comportement puéril m'agace. On dirait que Kristin lui a piqué son jouet, celui qu'elle a laissé dans une malle depuis trois ans.

Elle est belle, Elise. Elle souffle un peu avant d'enfoncer les mains dans ses poches. N'importe quel homme aimant les femmes se retournerait sur son passage. Une de ses mèches de cheveux danse dans le vent.

Je la revois sur ce parking de supermarché. Il y a à peine plus de trois ans. J'étais soufflée par ce qu'elle dégageait. Je serre les dents.

Puis nous nous sommes mis ensemble, je voulais tout le temps savoir où elle était, ce qu'elle faisait, m'intéressant même au nombre de sucre qu'elle mettait dans son café. Le temps a fait son œuvre. Trois ans. Salut, Beigbeder, sabrons le champagne.

En peu de temps, le monde rassurant que nous nous étions créé tous ensemble paraît s'écrouler à la vitesse de la lumière. Erwann, Camille et Pierre.

Est-ce que les choses peuvent vraiment changer ? Sommes-nous vraiment prêt à ce qu'elles changent.

J'essaie de ranger dans un coin de ma tête le souvenir de cette soirée, ce sourire, ce sentiment, cette impression d'être enfin à ma place.

La réalité a repris le dessus, et va à nouveau le faire.

J'ai commencé à peindre une toile, j'y glisse ce qui peuple mes pensées. Elle ne ressemble en rien au reste de mon travail, et il me semble que je n'ai jamais rien fait d'aussi bon.

Je déglutis violemment, je ne sais pas où je vais, je crois que j'ai peur.

Alors, autant me focaliser sur mon expo.

14 MAI 2019

Solveig

Ce matin, je me suis éveillée avec l'impression de ne pas avoir dormi. Je n'ai fait qu'ouvrir les yeux à peine ceux-ci fermés. Pour regarder l'heure. Pour boire de l'eau. Pour penser au départ. Et puis j'ai fini par sombrer vers quatre heures du matin dans un sommeil bousculé par un rêve agité.

À nouveau, j'entendais au loin la voix d'Erick. Cette fois, il gémissait, n'arrivait pas à parler. Je ne pouvais pas le trouver, car je n'y voyais rien. Et puis j'étais distraite par quelque chose ou quelqu'un. Je n'arrive plus à me souvenir. Seule la colère que je ressentais me revient. C'est un sentiment que je connais trop bien, même si je l'enfouis depuis des années. J'ai à nouveau commencé à la toucher du doigt, ces rêves me rendent dingue. À l'époque, elle était dirigée contre la terre entière. Contre celle qui m'abandonnait. Contre celui qui me cognait.

Ce matin, je me suis éveillée avec l'impression de ne pas avoir dormi et j'ai prononcé son prénom. « Erick. »

C'est sorti tout seul. Je me suis mordu la langue comme si je n'avais pas le droit de le faire. Je me suis tournée et ai reconnu sur mon oreiller celui qui m'accompagne à présent un peu partout. *The white side.* Lui ne peut pas mourir, pas m'abandonner.

Un message m'attendait. Je n'ai pas eu envie de l'ouvrir de

suite, un café devait d'abord me sortir de cet état de mal-être dont j'ignorais la cause. Je m'imaginais même comme dans cette pub où le type se déplace dans un brouillard que seule la boisson noire miraculeuse peut dissiper.

Mais en réalité, c'est l'ouverture du fameux message qui a eu cet effet. J'ai senti comme un coup de poing dans mon thorax. Ça m'a fait l'effet d'une lance fichée en plein dans ma poitrine. J'en ai verrouillé l'écran de mon téléphone pour qu'il devienne noir, fermé les yeux et ordonné à mon cœur qu'il ralentisse la cadence.

À présent, je tente de reprendre mon souffle. Mon portable atterrit sur la table basse et je m'extirpe du canapé. De l'air, j'en ai besoin, j'ouvre la baie vitrée et me trouve sur ma terrasse.

Ça se bouscule dans ma tête, dans un brouhaha désordonné. Jusqu'à aujourd'hui, je ne pouvais que l'imaginer. Et là... C'est tellement étrange, presque irréel. Voir son visage. Peu importe son physique, je suis comme choquée de sa personnification. Depuis sa disparition, il devient peu à peu une idée vers laquelle je tends. Je le désincarne. Sur mon écran, il prend forme. Et soyons honnêtes, pas n'importe laquelle. Il correspond à l'image que je m'en étais faite à ceci près que je n'aurais jamais pu imaginer ce quelque chose dans son regard. Je m'adosse au mur de clôture puis m'assieds contre lui. La froideur du sol m'apaise, m'aide à reprendre possession de mes moyens.

J'attends ainsi le temps qu'il faut pour réaliser que ma réaction est idiote. Fuir une image. D'ailleurs, je veux la voir à nouveau. Cette photo semble avoir été prise à son insu. C'est un portrait. Un léger sourire étire ses lèvres fines. Une barbe de quelques jours encadre son visage. En passant ma main dans sa barbe naissante, je suis sûre que je la sentirais me râper les doigts.

Ses yeux sourient – eux aussi. Que regarde-t-il ? Je vois de la douceur dans son regard, puis un océan glacé.

Ses cheveux quant à eux sont de la même blondeur que ceux de sa sœur. D'ailleurs, ils se ressemblent. Je réalise que Kristin a joint à son message une deuxième photo où ils sont tous les deux, bras dessus bras dessous, et il la surplombe. Cet homme est immense. Comment n'ai-je pas pu le remarquer au *Blue Note* ?

Il est fort agréable à contempler. Pas d'une beauté froide, de magazine. De celle qui vous percute en plein cœur. Derrière ces yeux bleus, je vois autre chose, je voudrais le voir en vrai pour être sûre…

**

Ma valise est prête, posée dans l'entrée. Il est temps de partir. D'aller là-bas.

J'ai pour habitude de mettre la musique lorsque je fais un long trajet, le temps passe plus vite, et puis elle a le don d'emplir l'espace, d'être la meilleure compagne qu'il soit. Elle ne râle pas, ne dit pas de ralentir, d'accélérer, de faire attention. Erwann faisait ça. Je détestais.

Aujourd'hui, je ne prends même pas la peine d'allumer la radio, car le son de mes pensées prend déjà trop de place. Un murmure sans fin que je n'arrive pas à stopper. J'aimerais pourtant. Alors que c'est cette même capacité à penser qui me fait avancer par moment.

Le paysage défile. La route n'est pas si longue.

Elle l'est déjà trop.

Plus les kilomètres passent, plus une sorte d'excitation s'insinue en moi.

Kristin a joint aux photos une liste d'hôtels dans lesquels Erick a ses habitudes, mais elle m'a précisé celui qu'il a privilégié ces derniers temps. C'est donc dans celui-ci que je vais m'installer. Enfin, j'espère qu'ils ont une chambre parce que je n'ai pas réservé.

À l'approche de l'agglomération, je suis prise dans un flot continu de voitures. J'arrive sur un immense rond-point, chacun hésite à s'engager, celui-là n'a pas mis son clignotant, celui-ci change de file au dernier moment. La route est bordée de pins. Et moi je suis à la peine. Je me trompe, dois faire demi-tour. Je finis par me garer, soulagée.

Mon téléphone sonne sur le Bluetooth, c'est Baptiste :

— *Tu es arrivée ?*

— Oui, à l'instant.

Ce n'est pas le genre de mon ami de me contacter pour ça.

— *Kristin vient d'avoir un appel de la police.*

— Raconte, Baptiste !

— *Elle n'arrête pas de pleurer. C'est pour cela que c'est moi qui…*

— Dis, bon sang !

Cette sensation me rappelle beaucoup trop celle que j'ai ressentie après l'anévrisme d'Erwann.

— *La voiture d'Erick est à la fourrière depuis hier. Elle a été enlevée à côté de la société que tu as contactée et le ticket de parcmètre est daté du jour où il s'y est rendu. Il a payé pour trois heures. Comme elle était stationnée depuis plus de sept jours, ils l'ont embarquée.*

Je prends le temps de souffler, je m'attendais à une nouvelle pire que celle-ci. À ce qu'on ait retrouvé son corps sans vie, ou je ne sais quoi.

— Merci d'avoir appelé. Embrasse Kristin, et dis-lui que je fais au mieux.

— *Que vas-tu faire ?*

— Rien de plus que ce que j'avais prévu dès le départ.

— *Tu sais que ça ne sent pas bon, Solveig. Hein ?*

— Les nouvelles ne sont pas bonnes pour le moment, mais ça ne veut pas dire que je vais lâcher…

— Bien sûr que tu ne vas pas lâcher. Ce n'est pas ce qui m'inquiète.

— Quoi alors ?

— Pour Erwann, tu as pris l'annonce de sa mort en pleine face, tu t'es isolée et à présent j'ai l'impression que tu fuis ta vie en partant à la recherche d'Erick. En plus, la situation n'est pas très bien engagée pour lui. Tu risques de tomber de plus haut que ce que tu à l'air de l'imaginer. Ça s'appelle du déni et tu te planques derrière toute cette histoire pour ne rien affronter.

— Tu es psy maintenant ? Je fais mon deuil comme je l'entends, Baptiste et puis c'est différent. Il nous a écrit, il ne doit pas être bien loin.

— Ne te mens pas à toi même. Tu peux dire que c'est différent, ça n'empêche que toi et moi on sait que tu peux te laisser submerger par tes émotions sans le voir arriver.

— Peut-être, mais quoi ? J'arrête de chercher, je subis l'attente, je m'empêche de ressentir quoi que ce soit ? Je ne le ferai pas.

— Je sais, pourtant je suis ton ami et j'aimerais que tu fasses attention à toi.

— Ne t'inquiète pas pour moi, je suis très réaliste.

— Parfait, alors.

— La mort d'Erwann, tout ce qu'il s'est passé, ma vie entière, j'ai des failles et des travers, mais j'ai aussi tiré des leçons.

— Bien. Allez, on se rappelle. Je vais voir Kristin.

L'hôtel est à une rue d'ici, j'extirpe ma valise du coffre de ma berline et veille à bien la fermer tout en ruminant cette conversation qui me laisse quelque peu amère.

Je n'ai qu'une veste légère et mon foulard autour du cou,

mais j'ai presque trop chaud, j'aime cela. Le soleil de printemps est agréable, ses rayons viennent me réchauffer alors que j'avance entre les immeubles anciens. Des gravures, des sculptures, des colonnes ornent ceux-ci. Les pavés gênent ma progression et bientôt je dois abandonner l'idée de faire rouler ma valise, je suis assez contente de ne pas m'être trop chargée.

Pas mal de monde est de sortie et un groupe de copines saute de devanture en devanture, bavant sur des fringues hors de prix. Je les regarde faire. Avec Elise et Camille, nous faisions cela il y a encore quelques années. Un samedi matin par mois. Ce n'est que maintenant que je m'aperçois que ça me manque. Pas pour les fringues, juste parce qu'on riait à gorge déployée et que c'était bon. Bien sûr, Camille avait tendance à faire comme si elle ne nous connaissait pas. Bien sûr Elise me donnait du « Louloute » et du « Chérie » toutes les cinq minutes. Bien sûr, je n'achetais jamais rien. Mais on s'en foutait. Les gens nous regardaient comme des dingues. Surtout Elise et sa mèche rose alors qu'elle en rajoutait des caisses. On aurait dit des ados alors qu'on ne l'était déjà plus. J'étais déjà partie de chez mon père. J'avais la petite vingtaine et n'étais pas encore avec Erwann. Il y a une éternité.

Un panneau dépasse d'une façade un peu plus loin, celui de l'hôtel. J'inspire un grand coup et franchis les quelques pas qui me séparent de celui-ci. Des portes coulissantes s'ouvrent sur mon passage. Un peu essoufflée, je gravis les trois marches devant moi puis me tourne vers le guichet d'accueil où se trouve une hôtesse au sourire éclatant.

Par chance, il reste une chambre. Une seule. À croire qu'elle m'attendait – la chambre pas l'hôtesse. Elle me débite ses explications de façon mécanique, un sourire figé à ses lèvres.

Il ne me reste qu'à prendre un ascenseur pour arriver au

bon étage et à traverser un couloir recouvert de moquette. Tout est calme, je ne m'entends même pas marcher. J'ouvre la porte à l'aide d'une carte.

Je comprends qu'il ait préféré cet hôtel. On se sent bien dès que l'on y entre. Un peu comme si l'on entrait dans un cocon rassurant, enveloppant. Je m'étale de tout mon long sur le lit qui trône au milieu de la pièce. Tout habillée.

— Tu prends toute la place !

Je me retourne, mes yeux mettent un temps à faire la mise au point.

— Allez pousse-toi !

— Erick ?

— Qui veux-tu que ce soit d'autre, ici ?

C'est vrai, je suis dans cette chambre d'hôtel.

— Mais tu étais où bon sang ?

Je me relève d'un bond pour lui faire face. Enfin, je fais face à son torse et aux boutons de sa chemise.

— Je t'attendais, on avait rendez-vous tu te souviens ?

— Attends, quoi ?

— Ben oui, tu sais bien ? Nous devions reporter notre dîner comme j'étais en déplacement, mais tu m'as dit que tu me rejoignais. Tu étais en retard au restaurant, alors j'ai demandé à la réceptionniste si tu étais bien arrivée. J'ai ma chambre ici aussi, tu te souviens ? Elle et moi, on se connaît bien alors elle m'a donné le numéro de ta chambre et un pass. Bref, me voilà. Tu t'étais endormie ?

— Attends Erick, je ne comprends pas.

— Tu as l'air vraiment dans les choux. Je suis content de te rencontrer enfin.

— Moi aussi, mais, vraiment je ne…

— Allez lève-toi, on va boire un verre au bar de l'hôtel.

— OK, j'arrive, laisse-moi juste une minute.

— Je t'attends devant.

Je me frotte les yeux, me donne des gifles. Quelque chose m'échappe. Je vais dans la petite salle de bain m'asperger le visage d'eau fraîche, mais rien n'y fait. Je me dirige vers le couloir. Une fumée dense l'envahit. Erick est immobile devant moi. Je tente de m'approcher en vain. Je fais des pas en avant et pourtant je recule jusqu'à percuter le mur du fond. Au sol traîne The White Side.

J'ouvre brusquement les yeux.

Un rêve. Encore un de ces satanés rêves.

Ce n'est pas vrai. Ce n'était pas réel. Pourtant, je n'aurais encore pas fait la différence. J'en viens à les détester. Ils me laissent une impression de folie latente. Cette fois-ci, je vais vraiment me rafraîchir dans la salle de bain attenante pour descendre manger. Seule. Mais après ce rêve, il me faut un petit temps. *The White Side* est posé sur ma table de chevet. Pourquoi fait-il autant d'apparitions dans mes cauchemars ?

Alors que je suis dans l'ascenseur, je me remémore les paroles d'Erick dans ce rêve. « J'ai demandé à la réceptionniste si tu étais bien arrivée. (...) Elle et moi, on se connaît bien ».

Je vais donc la voir.

— Mademoiselle ?

Comme si elle ne pensait pas que l'on puisse lui parler, l'hôtesse sursaute et remet en place son sourire figé.

— Que puis-je pour vous ?

J'étudie la petite plaque dorée accrochée à sa poitrine qui m'indique son prénom.

— Julie, je suis ici sur les conseils d'un ami qui séjourne régulièrement dans votre établissement.

— Ah bon ? Bien…

— Peut-être le connaissez-vous ? Il s'appelle Erick, Erick Johannson. Tenez, regardez… Je lui montre la photo que Kristin m'a envoyée. Elle se penche par-dessus l'accueil afin de bien voir et se recule aussitôt. La jeune femme est toute rouge. À côté de ses longs cheveux blonds, cela ne passe pas inaperçu.

— Oui effectivement, il vient de temps à autre.

— D'accord. Est-il venu récemment ? Cela fait un moment que l'on ne s'est pas vus.

— Non.

— Vous ne voulez pas vérifier ?

— Pas besoin, il est resté une semaine il y a trois mois environ, mais pas depuis.

— D'accord… Merci !

Comment peut-elle savoir cela de mémoire ? Des clients il y en a des centaines qui passent en une semaine. Et puis cette façon de rougir. Mon imagination s'emballe.

Elise

Je tente le tout pour le tout. Comme au poker, je fais tapis puisque nous n'arrivons pas, plus, à parler. Simon m'observe, je ne suis pas tranquille, je n'arrive pas à anticiper sa réaction, j'en espère une, mais quelque chose me dit que ce n'est pas celle que je vais avoir.

— J'ai besoin d'une pause. D'un break, me lancé-je.

— Attends. Tu es en train de me quitter parce que ton ex a une copine ?

— Non, tu te rends quand même bien compte que c'est compliqué entre nous en ce moment.

Il reste muet.

— Tu vois, tu n'as même rien à répondre à ça. Je ne te quitte pas. J'ai besoin de temps, je me sens étouffée ici. Et puis tu as ton atelier. Je vais aller chez Camille quelques jours. Réfléchir. Peut-être que tu devrais, toi aussi. Réfléchir à nous, à toi, à ce que tu veux.

Il continue de me regarder, interdit.

— Tu pourrais dire quelque chose, au moins !

— D'accord.

— D'accord quoi ?

Simon se pince les lèvres, visiblement agacé et lâche :

— Je vais réfléchir, tu vas réfléchir, nous allons réfléchir.

Je ne sais pas à quoi je m'attendais, j'espérais juste qu'il se batte un peu. C'est douloureux. Il accepte la situation comme ça, sans même lever les armes.

Les larmes me montent aux yeux, mais je ne veux pas pleurer devant lui. Je file dans la chambre faire ma valise et éclate en sanglots. Je me mords la lèvre inférieure pour ne pas faire de bruit.

Les spasmes qui me secouent finissent par se calmer et j'achève ma valise tant bien que mal. Je suis comme hors de mon corps. Là, mais pas là.

Il ne m'aime plus, ou pas. C'est cette vérité qui me percute de plein fouet. Il ne m'aime, en tout cas, pas assez pour se battre pour nous.

Je traverse l'appartement avec mes affaires. Ses clopes et ses clés ne sont plus à leur place. Il a pris la fuite. Moi aussi.

15 MAI 2019

Solveig

J'ouvre *The White Side* et me mets à écrire, y laissant toute mon âme. Pour la première fois depuis que j'ai commencé à me déverser dessus, j'écris sur Baptiste et non sur Erick. Son soutien a beaucoup d'importance pour moi. Et une envie irrépressible de décrire mon ami, lui donner forme dans ce carnet me guide. C'est la fatigue qui me contraint à mettre fin à ce moment hors du temps. Je me sens étrange, cotonneuse. Mes cauchemars m'épuisent à tel point que je me réveille chaque matin encore fatiguée. *The White Side* retrouve ma table de chevet.

Je m'inquiète un peu pour mes amis. C'était une drôle d'ambiance au *St Patrick* avant mon départ, pas de celles que nous avons l'habitude de vivre. Cam' semble bien se débrouiller malgré la situation, Elise par contre… Simon semblait sortir de ses gonds. Et pourtant, sa tolérance a un seuil assez élevé.

Je descends boire un café au bar de l'hôtel.

Une femme est assise à une table à quelques mètres de moi. La petite trentaine, bien habillée, elle est un peu trop maquillée à mon goût. Sans cette couche de fond de teint, elle ne perdrait pas ses traits fins ni ses beaux yeux bleus. Elle ne boit pas que de l'eau et scrute son téléphone de temps à autre puis le repose avec une moue déçue. Un dernier regard à l'objet de son stress et elle engloutit la fin de son verre d'une traite. Sa chaise bascule presque quand elle se lève. Alors qu'elle passe à côté de moi elle s'arrête et ses yeux se plantent dans les miens.

— J'espère que vous n'attendez pas après un homme, si c'est le cas, abandonnez de suite, ça n'en vaut pas la peine.

— Merci du conseil !

Elle reprend son chemin et quitte l'établissement. Son conseil ne me sera d'aucune utilité pour cette fois. Après tout, je n'attends pas après lui.

Je suis sortie de mes pensées par un message de Kristin qui me demande d'appeler un collègue d'Erick. Elle a joint le numéro. Elle ne donne aucune explication – si ce n'est que c'est important – et me demande de faire attention à moi. Comme si j'étais venue ici pour faire attention à moi.

En réponse, je quitte ma table et prends la direction de ma chambre pour appeler ce fameux collègue.

Il me fait répéter plusieurs fois mon prénom, me pose quelques questions – je suppose pour vérifier mon identité. Il parle d'une toute petite voix. Comme s'il ne voulait pas qu'on l'entende. Comme si les murs avaient des oreilles.

— *Alors vous êtes bien Solveig Morel.*

— Qui d'autre ?

— *Je ne sais pas, je deviens parano. Avec la disparition d'Erick, je suis un peu sur les nerfs.*

— Il va falloir m'expliquer pourquoi vous dites cela, Antoine.

— *Je n'aime pas trop parler par téléphone.*

— Je suis un peu loin là ! m'exclamé-je.

— *Oui…*

— Écoutez, je veux juste le retrouver…

— *Je ne sais pas si vous le retrouverez. Toute cette histoire sent vraiment mauvais.*

— C'est donc du travail que vous parlez ?

— *Oui, bien sûr.*

Je laisse volontairement le temps à Antoine de prendre la direction de notre échange.

— *Solveig, promettez-moi d'être discrète.*

— Je vais essayer de faire au mieux.

À l'autre bout du fil, le collègue d'Erick soupire.

— *OK, voilà il y a quelques semaines, nous avons commencé à recevoir des appels de chez L.V. Construction. Ils n'étaient vraiment pas contents. Erick est passé faire un contrôle dans un des bâtiments récemment construits et son rapport est catastrophique.*

— Oui, il a dû venir en urgence à leur siège pour rencontrer un employé le jour de sa disparition. Il m'a dit qu'ils avaient parlé d'ennuis au sujet d'un dossier.

— *Ces types sont des grands malades. Ils n'ont pas arrêté d'appeler pour que l'on change ce foutu rapport. Mais Erick a refusé, bien sûr.*

— C'est à dire ?

— *Ils lui ont proposé de l'argent, ont essayé de faire pression via la hiérarchie. Mais Erick a tenu bon.*

— Ils ont essayé de le soudoyer à coup de pots de vin ?

— *Oui, ils ont tenté de faire intervenir un autre collègue aussi, pour qu'il modifie ce rapport.*

— Mais en quoi ce rapport est-il aussi important ?

— *Rien n'est aux normes, d'après Erick. Ce n'est même pas une question d'installations de sécurité à revoir. Ce sont des tours entières à raser. On parle de sommes astronomiques. Et de centaines de vies en danger !*

Bon sang, je ne m'étais pas du tout imaginé ça.

— Et vous pensez que cette société pourrait avoir quelque

chose à voir avec le fait qu'Erick ne soit plus joignable ?

— *Vu le contexte de ces dernières semaines. Je n'ai presque aucun doute.*

— Pourquoi ne pas en parler à la police ?

— *J'ai des enfants, Solveig. Il est hors de question que je les mette en danger.*

— OK... merci Antoine.

— *Vous ne devriez pas poser trop de questions et filer d'ici avant qu'il ne vous arrive la même chose.*

— Non, j'ai besoin de savoir et d'après ce que vous me dites, des vies sont en danger, je ne peux pas fermer les yeux.

— *Et la vôtre ?*

— Ne vous inquiétez pas pour moi, je suis une grande fille.

— *Vous ne faites pas le poids. Faites attention !*

— Je vais y penser... Promis.

— *Une dernière chose.*

— Oui ?

— *Je ne parlerai de ça avec personne d'autre, et si quelqu'un m'en parle je nierai tout en bloc.*

Ça me pèse. Comme si j'avais trop mangé, cette conversation me reste sur l'estomac. Je ne sais pas que faire de ça. Ce n'est pas qu'Erick, ce sont des familles, des personnes qui risquent d'être en grand danger pour du fric.

Je tourne comme un lion en cage, fais le tour du lit des dizaines de fois.

Ça me fout en l'air.

Combien vaut une vie ?

Quel est le prix de familles ensevelies sous des gravats ?

Je finis par appeler Camille. Elle, elle saura m'aiguiller. Me dire comment m'y prendre. Du moins, je l'espère.

— *Attends, si ça se trouve, ce type n'est pas fiable !*

— C'est Kristin qui m'a dit de l'appeler.

— *Peut-être, mais ce n'est pas une source vérifiée.*

— D'accord, mais je fais quoi concrètement, là ?

— *Je pense que tu devrais aller prendre la température chez L.V. Construction, l'air de rien. Trouve une secrétaire, en général elles en savent plus que le PDG sur sa propre entreprise.*

— Bien. Je vais faire ça. J'avais prévu d'y aller, de toute façon. Tu crois que tu pourrais en toucher un mot à Damien quand même ? Parce que ça m'inquiète. Tu imagines si ces bâtiments sont aussi dangereux que ce que cet Antoine m'a dit ?

— *Je t'avoue que j'ai mis un peu de distance, mais par principe et parce qu'il peut vraiment y avoir du danger, je vais lui en parler.*

— Ah bon ? Tu prends tes distances avec lui ?

— *Oui, je prends soin de moi. Je suis soulagée de la séparation avec Pierre et je me dis que de toute façon, Damien et moi, ça n'a pas de lendemain. J'ai beau ressentir ce que je ressens, ça ne changera rien. Le problème, c'est qu'un « nous » est interdit, il est marié, alors je dois arrêter d'espérer quoi que ce soit. Ce bébé est mon avenir.*

— D'accord. Prends du temps pour toi. Mais s'il savait, il pourrait te surprendre. Tu ne sais pas vraiment ce qu'il veut, si ?

— *Je pense que si. C'était clair depuis le début.*

— Tu es sûre ?

— *Presque.*

— Hmmm

— *Par contre, il y en a deux qui mènent une guerre froide qui a pour conséquence que je ne vis plus seule.*

— Elise et Simon ?

— *Ouais, elle a décidé d'élire domicile dans le mien.*

— Elle exagère.

— *Oui, pourvu qu'elle se ressaisisse. J'espère ne pas avoir de discussion sérieuse avec elle, cela risque de dégénérer.*

— Tu prends du poil de la bête dis donc, la grossesse te va bien. Ou la séparation.

— *Peut-être les deux*, répond Camille en riant.

— Bien, je vais te laisser.

— *Attend, je voulais te demander…*

— Je t'écoute ?

— *Pourquoi Kristin n'est-elle pas venue avec toi ?*

— Elle ne pouvait pas.

— *C'est bizarre, non ?*

— Elle a des ennuis de santé.

— *Qui l'empêchent de chercher son frère ? Je veux dire, je ne m'étais pas posé la question, mais après en avoir parlé avec Elise... C'est vrai que c'est étonnant !*

— Ce sont des ennuis qui lui valent d'aller trois fois par semaine pendant quatre heures à l'hôpital.

— *Oh, c'est… C'est grave ? Je veux dire, Baptiste…*

— Ce n'est pas à moi de t'en parler, tu sais.

— *Oui, je comprends.*

— Elise se monte la tête et elle s'occupe de te retourner les idées, Camille !

**

J'ai lu un article sur un homme aux États unis qui a réussi à vivre pendant vingt-sept années seul dans la forêt. En ermite. Sans que personne ne sache qu'il était là. Quand je dis seul, je veux dire que ce type a dit « bonjour » une fois à un campeur qui lui est tombé dessus par hasard.

Devant L.V. Construction, je me dis que ce type a certainement tout compris. Il a su se protéger de l'humanité pendant un nombre conséquent d'années. Il a dû être heureux.

Je n'ai envie de parler à personne. Je me suis levée avec l'envie de rester recluse dans cette chambre d'hôtel, de dire au monde qu'il n'a qu'à continuer de tourner sans moi. Après tout c'est bien ce qu'il ferait si je n'y étais pas. Alors pourquoi ne commencerait-il pas aujourd'hui ?

Je m'engage dans l'entrée. Des croquis d'immeubles sont sous verre et accrochés au mur. Sous un globe transparent au milieu de l'immense pièce, se trouve une maquette avec de minis arbres, de minis voitures, de minis gens, et surtout de minis – mais immenses – buildings.

Si j'avais un doute sur l'endroit où je me trouve, je n'en ai plus.

Une jeune femme très maquillée – plus qu'un camion volé – est placée derrière un guichet au-dessus duquel est écrit en lettres énormes « ACCUEIL ». Si les lettres sont déjà bien imposantes, la couleur rouge dans laquelle elles sont peintes leur assure une visibilité indéniable. Je me dirige vers la demoiselle avenante qui ne me quitte pas des yeux depuis que j'ai passé la porte.

— Bonjour !

— Madame, en quoi puis-je vous être utile ?

Je fouille dans mon sac à la recherche de mon portable, mais sens une présence dans mon dos. Un agent de sécurité d'environ deux mètres sur un s'est approché. J'écarte *The White Side* et me saisis du téléphone pour lui montrer qu'il ne s'agit aucunement d'une arme. Oui parce que depuis les attentats, on n'a jamais vu autant de vigiles sur les dents. En l'occurrence plutôt sur mon dos. Il recule de quelques pas et j'avoue que je suis ravie de reprendre possession de mon espace vital. Cette intimité inopinée ne me convenait que peu.

Un coup d'œil à la nana en face de moi et je la vois se détendre, elle était devenue plus raide qu'une bûche. J'affiche la photo d'Erick et lui présente.

— Avez-vous déjà vu cet homme ?

— Non, me répond-elle d'une voix tremblante.

— Vous êtes sûre ? Pourtant il est venu récemment, le 2 mai…

— Oh, alors je crois que je ne peux pas vous aider.

— Ah bon ?

— Oui, j'ai pris mes fonctions il y a treize jours, et débuté dans un bureau. Je n'ai pas pu le voir.

— Peut-être que si, il a eu un rendez-vous avec Monsieur Clément ce jour-là.

— Je suis vraiment désolée. Mais je pourrais en parler à la collègue qui était présente si vous le souhaitez.

— Ce serait parfait, je vous laisse mon numéro de téléphone !

La jeune femme note consciencieusement les chiffres que je lui dicte puis relève la tête en me souriant.

— Voilà, je transmets le message.

— Je souhaiterais m'entretenir avec ce Monsieur Clément aussi, s'il vous plaît.

Alors qu'elle m'annonce, je m'installe sur une des chaises design positionnées dans un coin du hall. Les minutes passent – devrais-je dire les dizaines de minutes ? – et enfin on m'indique le chemin à suivre, jusqu'à une autre salle d'attente. Une énorme horloge – des aiguilles fixées dans le mur et des chiffres peints à même celui-ci – produit un tic-tac hypnotisant. J'en suis à ne plus être focalisée que sur elle lorsqu'un type encravaté m'invite à l'accompagner.

Cet homme est la dernière personne à avoir vu Erick et j'ai envie de le bombarder de questions, mais je me contiens. Après tout, si j'en crois Antoine, il a des choses à cacher.

Il doit avoir trente-cinq ans. Brun aux yeux clairs. Un sourire désincarné. J'ai en face de moi un masque d'acier aussi froid que l'iceberg dans lequel est rentré le Titanic. Cela a le don de lui conférer une certaine prestance. Sa posture derrière son gros bureau en bois se veut décontractée, je l'imagine pourtant bien passer en un dixième de seconde à une position plus offensive tel un jeune loup prêt à défendre son territoire.

Notre entretien démarre plutôt cordialement, il est attentif à ce que je lui raconte, ni plus ni moins. Lorsque je lui apprends la disparition d'Erick juste après sa visite, il semble surpris – autant que cela soit possible – il n'en fait pas trop non plus. Il refuse de me parler de leur différend et lorsque je sous-entends que l'entretien aurait pu mal tourner, sa mâchoire se crispe.

— Nous n'étions pas d'accord sur notre affaire, c'est tout.

— À quel point ?

— Qu'insinuez-vous, au juste ?

— Absolument rien. Je cherche un ami et vous êtes la dernière personne à l'avoir vu.

— Écoutez, je ne connaissais ce Monsieur que pour affaire, j'ai apporté des arguments en ma faveur qu'il ne voulait pas prendre en compte. Je ne l'ai pas convaincu alors il est parti. Maintenant, je vous prie de quitter mon bureau et me laisser travailler.

— Très bien. Je vous remercie de m'avoir accordé un peu de votre temps.

Il ne répond que par un signe de tête et un geste m'indiquant la porte.

Je n'ai pas décelé de signe m'indiquant un mensonge, mais je ne suis pas une professionnelle de l'interrogatoire. Par contre, je l'ai trouvé sur la défensive. Était-il mal à l'aise ? Et quand bien même, était-ce parce qu'il cherche à cacher quelque chose ou parce que c'est normal de ne pas apprécier ce genre de questions ?

Avant de quitter l'entreprise, je retourne voir la jeune femme de l'accueil et lui rappelle de bien donner mon numéro à la secrétaire qui était là le jour de la disparition d'Erick. Elle me promet de lui transmettre et je n'ai pas d'autre choix que de m'en satisfaire.

**

Objet : Travail

Solveig,

J'espère que tu vas bien !

Comme tu le sais, L'homme du bar a très bien fonctionné et nous sommes très heureux de te compter parmi nos auteurs. Comme nous en avons déjà parlé, il serait judicieux que ton deuxième roman soit terminé environ un an après la sortie du premier. Où en es-tu ? Aurais-tu une ébauche de début ? J'attends impatiemment de tes nouvelles.

Wendy

Je ne sais pas quoi lui répondre. « Désolée Wendy, ça ne va pas être possible, j'ai prévu de me faire assassiner pour des magouilles et des gros sous », « Pardonne-moi Wendy, mais je suis actuellement en train de devenir folle à cause de cauchemars », « J'ai arrêté l'écriture pour me consacrer à la recherche de gens disparus que je ne connais pas vraiment, le tout bénévolement ».

Je décide d'attendre pour lui écrire.

Installée sur mon lit, un sommeil de plomb me happe. Un nouveau rêve m'envahit. Cette fois, il est différent, pas tant par son contenu, mais plutôt les protagonistes. *Erick est là, immobile. Baptiste, lui, avance dans un nuage dense.*

— Eh ? Oh ?

Je lui fais de grands signes, mais il ne me voit pas.

Je voudrais les aider. Je ne peux pas. Je suis inutile, plus je m'approche plus le nuage s'épaissit. Je suis néfaste. Tout à coup une douleur atroce s'imprime dans ma poitrine. Un sentiment d'im-

puissance, de colère. Je le sais, ceux que j'apprécie souffrent par ma faute.

Ma mère fait son apparition devant moi. Je refuse de la voir.

— Stop, pitié, stop, hurlé-je.

Je me redresse en sueur, les mains tremblantes. Voilà des années que je n'ai pas rêvé d'elle. La colère et la culpabilité que j'ai ressenties sont encore présentes. S'y ajoute l'étonnement, qu'est-ce que Baptiste fichait dans ce rêve ? Peut-être que le fait d'avoir écrit sur mon ami a immiscé son image dans ma tête, mais je suis terrorisée et j'ai un mauvais pressentiment.

J'attrape le carnet et l'ouvre à la dernière page noircie par mes mots. Sur la page d'à côté, noir sur blanc, mon prénom. « Solveig ».

Ce n'est pas mon écriture, j'en suis sûre !

Je bondis hors de mon lit afin de vérifier la fermeture de la chambre, puis de la fenêtre. Une brume se dissipe à l'extérieur. Je crois que je deviens folle. Je me saisis à nouveau du calepin, mon prénom en a disparu.

16 MAI 2019

Baptiste

Autour de moi tout est flou. Je me suis réveillé, préparé pour aller voir Kristin, et me suis retrouvé ici. Je ne reconnais rien. Il fait sombre – ça n'aide effectivement pas. En toute logique, ça ne devrait pas être le cas. Ma montre me serait bien utile – si elle fonctionnait. Je tape sur sa vitre, en vain. Je me demande dans quelle situation pourrie je me suis mis. Pourtant, je ne suis pas sorti, et depuis Kristin, je suis aussi sage – et sobre – qu'un moine tibétain.

Le parquet sur lequel je marche craque. Une odeur de feu de bois me saisit, me rappelant la maison de mes parents – manquerait tout de même les cris de ces saletés de mouettes qui n'ont clairement pas encore fait la différence entre le jour et la nuit. Les murs de la pièce sont en pierre, une énorme armoire en bois massif à ma gauche jouxte une porte. Je fais un rapide tour sur moi-même, il s'agit d'une chambre. Un lit qui m'a l'air plus que moelleux – même si sacrément vieillot – trône au milieu de la pièce. Les draps ne sont pas défaits, je n'ai donc pas dû dormir dedans. Il n'y a pas non plus de nana dénudée. Je n'ai pas fait de connerie. Je souffle, en partie rassuré.

Le silence pesant qui règne est rompu par des cris qui me font sursauter. Ce qui se dit est incompréhensible, mais cela signifie que je ne suis pas seul. Je me précipite sur la porte en chêne et m'arrête un instant avant d'en actionner la clenche. Et si elle était fermée à clef? De toute façon il faut bien que j'essaie, je devrais trouver de l'aide dans le coin, ou au moins quelqu'un qui m'explique ce que je fais ici. C'est du moins ce que je crois jusqu'à ce qu'un bruit sourd et un hurlement féminin se fassent entendre.

J'ouvre la porte qui ne montre aucune résistance et me précipite dans le couloir qui s'étend devant moi. Une femme est en danger, cela ne fait aucun doute. J'entends :

— Arrête, calme-toi !

Des sanglots ponctuent la phrase.

Des pièces fermées se succèdent sur ma gauche. Après quelques pas, je m'arrête, tentant d'identifier d'où proviennent les plaintes. Mon regard est attiré par l'une des portes, car elle est entrouverte. Un mouvement capte mon attention vers le bas si bien que je fais un bond sur le côté. Quelques secondes auparavant je pensais être seul, en réalité une petite fille se tient immobile dans l'embrasure. Elle serre quelque chose dans ses bras.

— Salut petite !

Je n'obtiens aucune réaction de sa part. Elle ne doit pas avoir dix ans, de longs cheveux blonds encadrent son visage pâle. Je m'approche un peu, ces grands yeux bleus me disent quelque chose. Je pose un genou à terre pour faciliter l'échange.

— Hey, où sommes-nous ? Que se passe-t-il ?

Elle reste impassible et tourne les talons. Je la suis dans ce qui semble être sa chambre. Quelques jouets traînent au sol et je l'apprends en marchant sur l'un d'eux. Je retiens un juron, ça fait un mal de chien ! Une bibliothèque pleine à craquer se trouve en face de moi. Elle s'installe à la hâte dans son lit et s'emmitoufle – se cache – sous sa couette. Il me semble qu'elle tremble. Seul son visage est encore visible.

— N'aie pas peur je…

Elle ne réagit pas. Est-ce moi qui la terrorise ? Voir un étranger devant sa chambre n'a rien d'habituel, mais un doute m'assaille.

— Eh, tu me vois ?

Je m'approche. Ce visage, cette expression... Si seulement j'arrivais à faire le lien qui m'échappe ! Des pas rapides se font entendre devant la chambre. La petite fille se crispe et d'un mouvement vif éteint sa lumière. La porte s'ouvre à la volée.

— Solveig !

Une sorte de nuage épais se forme autour de moi, je ne parviens pas à voir l'homme qui vient d'entrer dans la pièce. J'essaie de chasser cette fumée, de rejoindre mon amie, mais me sens faible. Je sais où et quand je suis, il faut que j'arrive à la protéger ! Je me trouve projeté en arrière, mes muscles faiblissent et j'ai l'impression de m'évanouir, j'ai beau essayer de me raccrocher aux meubles, rien n'y fait.

Mes oreilles sifflent, ma vue s'obscurcit pour s'éclaircir presque aussitôt et bientôt je ne vois plus que ce brouillard blanchâtre.

Solveig

C'était un samedi matin, il y a une éternité, j'avais dix-sept ans. Il faisait beau, c'était un joli week-end de printemps, de ceux où l'on entend les oiseaux chanter. Ce jour-là, je ne les ai pas entendus. J'ai bien imprimé cette sensation d'avoir un casque antibruit posé sur les oreilles quand l'infirmière est venue annoncer le décès de ma mère.

Normalement, ce sont les médecins qui font ce genre d'annonces, mais je ne sais pas ce qui a été normal dans cette journée. Je suis allée dans un bureau de tabac, j'ai acheté des clopes et un ticket de loto.

Ensuite, je me suis rendue dans un bar, j'ai commandé un alcool fort, j'ai dit au serveur de choisir quelque chose qui me remettrait les idées en place. J'étais mineure, mais je paraissais plus âgée, il s'est exécuté. À moins qu'il n'ait pas cherché plus loin vu la dégaine que je devais avoir.

Un premier verre, un deuxième, puis j'ai levé les yeux pour les poser ailleurs que sur le comptoir. Je devais commencer à être désinhibée. Il y avait un autre type, un whisky dans la main droite fixant des yeux sa main gauche. De son pouce, il faisait rouler une alliance. J'ai posé un billet à côté de mon verre et annoncé au barman que je revenais.

Dehors, tout semblait encore silencieux. Pourtant j'étais en ville, on était en plein jour, l'hôpital était à deux pas. Alors pourquoi le monde avait-il décidé d'arrêter de tourner ?

J'allumais tout de même une cigarette.

— Vous m'en dépannez une ?

Le type du bar m'avait suivi. J'acceptais.

— Vous êtes trop jeune pour boire autant.

— Vous êtes trop marié pour picoler à cette heure.

Il a regardé sa main, puis il a dû décider qu'il fallait se confier à une jeune fille qu'il ne connaissait ni d'Adam ni d'Ève, sur une terrasse.

— Je me pose des questions.

— Ont-elles des réponses ?

— Non.

— Alors elles ne servent à rien, croyez-moi.

Il a commencé à me dévisager et j'ai dû décider qu'il fallait me confier à un homme que je ne connaissais ni d'Adam ni d'Ève.

— Ma mère est morte.

Je me suis mise à trembler. Prononcer ces mots moi-même rendait la chose réelle. Alors j'ai écrasé ma cigarette et je suis rentrée à nouveau dans l'établissement pour me remplir, comme si l'alcool pouvait combler le vide que je ressentais.

Il a fini la clope avant de rentrer, lui.

— Je n'arrive pas à vous donner d'âge.

— Pourquoi vouloir m'en donner un ?

Il a poursuivi comme si ce que je répondais n'avait aucune importance.

— Vous paraissez à peine sortie de l'adolescence, pourtant dans vos yeux, votre attitude... Vous faites bien plus.

J'ai pris mon verre et je suis allée m'asseoir à une table. Je n'avais pas envie d'entendre ce type. Je venais de raconter que ma mère était décédée et lui me parlait de mon âge ?

Sauf qu'il a dû prendre cela comme une invitation, il s'est assis à la même table et a planté son regard noir dans le mien.

— Je n'ai pas envie de vous écouter, lui ai-je asséné.

— Vous préférez vous écouter ?

— Je préfère le silence.

— Alors je vais partager cette table avec vous dans le silence.

**

Ce jour-là, pour la première fois dans les bras d'un homme, j'ai oublié. La peur, la douleur. Je me suis sentie belle, vivre, heureuse. J'ai voulu tout lui offrir. Son corps connaissait le mien par cœur, instinctivement, et je ne me lassais pas de partager avec lui ce moment. De le toucher.

Ça aurait pu, ça aurait dû s'arrêter là. Je pensais d'ailleurs que ce serait le cas en quittant l'hôtel alors qu'il dormait encore.

Je me suis mise à penser à ma mère.

J'ai erré dans la ville avec mes clopes, mes cheveux en bataille et mon vide intérieur. Je ne me sentais pas triste, pas heureuse non plus. Mes mécanismes de défense étaient toujours bien en place. Pas de pleurs. Tout ignorer. C'est sûrement à ce moment-là que j'aurais dû les faire tomber. J'ai raté le coche, mais j'ai gagné dix euros au loto.

Des jours, peut-être des semaines sont passées. J'ai du mal à m'en rappeler. J'ai quitté la jolie maison de campagne pour un appartement en ville, l'école d'aide-soignante et un boulot de serveuse pour arrondir les fins de mois.

C'est comme ça que je l'ai revu. Jérémy était sorti avec des collègues de travail dans le bar où je bossais. Nous nous sommes de suite reconnus, mais il m'a ignorée. J'en ai donc fait de même. La partie de jambe en l'air avait beau avoir été très agréable, elle datait de plusieurs mois et le message était clair.

Il m'a fait un signe de tête au moment de partir auquel je n'ai même pas pris la peine de répondre. En sortant pour rentrer chez moi, la nuit était bien avancée. Il était encore là, sur le parking, seul.

— Comment vas-tu ?

— On se connaît ? demandais-je en prenant l'air détaché.

Il s'est approché et m'a dévisagée, peut-être pour savoir le vrai du faux, pour voir si je faisais de l'humour ou si je lui en voulais vraiment. Je ne lui tenais pas rigueur de son comportement, mais je ressentais une envie de jouer à ça avec lui. Je pouvais sentir son côté bienséant à des kilomètres, j'avais aussi touché du doigt les méandres de son âme. Là en cet instant, j'avais besoin qu'il s'affirme face à moi, je voulais le voir réagir. Parce que je savais qu'il contrôlait une partie de lui et que j'avais envie de m'y frotter – surtout dans un lit.

C'est ce qu'il a fait. Et l'écho qu'il s'est trouvé en moi m'a semblé être sans limites. Comme s'il s'agissait d'une bête qui ne saurait, jamais, être rassasiée. Cette chose entre nous a pris de l'ampleur. Il y a des batailles qu'on ne peut pas gagner, où on sort les armes, mais on se bat contre des moulins à vent. Don Quichotte n'aurait rien eu à m'apprendre. Moi j'étais en plein dedans, incapable de me relever, incapable de m'en défaire. Je remplaçais par ça toute la toxicité de mon environnement familial. Ça me rendait souvent heureuse, parfois tellement triste.

Quand avec Jérémy nous avons arrêté de faire n'importe quoi, mes émotions ont éclaté. La haine envers mon père, la colère après ma mère. Toutes ses émotions qui me rongeaient de l'intérieur se sont mises à me dévorer. Je n'avais plus de relation tordue pour évacuer le trop-plein. Puis elles se sont atténuées, Erwann a pris une place à mes côtés, il s'est montré doux, apaisant. La vie a continué. Je n'ai jamais pardonné, mais j'ai avancé.

L'arrivée de la serveuse de l'hôtel me sort de mes souvenirs. Elle dépose face à moi un énorme muffin au chocolat et un thé à la cannelle dont l'odeur me chatouille les narines.

Cela ne fait que quelques jours que je ne travaille pas, c'est donc un peu comme des vacances, mais une idée s'impose à moi. Et si je n'y retournais pas ?

De toute façon, je le peux. Et je crois que je vais le faire. Poser une disponibilité. Si je fais ma demande rapidement, je n'aurais que deux mois à travailler à mon retour. C'est comme si un poids s'ôtait de mes épaules.

Je sens un regard sur moi. La fille de l'accueil, Julie, me dévisage. Je lui fais un signe de la main, elle regarde sa montre puis installe un panneau justifiant son absence et se dirige vers ma table.

Nous échangeons des banalités, mais je vois bien qu'elle a envie de passer à la suite, je l'interromps :

— Vous vouliez me demander quelque chose ?

Elle paraît un peu gênée, comme une enfant prise en faute, mais hoche la tête.

— Vous m'avez posé des questions sur un de nos clients…

— Oui ?

— Hmm, voilà je me demandais pourquoi…

— Erick est injoignable.

La demoiselle devient blême.

— C'est... hum... c'est-à-dire ?

— Je ne sais pas. Il a envoyé des messages pour dire que tout allait bien, mais nous sommes inquiets pour lui.

Elle reprend sa respiration. Je vois bien qu'elle est impactée et je m'en étonne, peut-être le connaît-elle plus que ce qu'elle m'a dit ?

Je me sens idiote. Il n'est pas sûr que les questions que je m'apprête à poser soient vraiment du fait de la recherche d'Erick. C'est-à-dire que j'ai envie de savoir, s'ils se connaissent plus que ça. Et jusqu'à quel point ?

Kristin

Baptiste est une bouffée d'air, un appui. En peu de temps, il est devenu indispensable à ma vie. Nous nous voyons tous les jours, et je sais pertinemment que c'est grâce à lui que je ne me noie pas. Oui, mais aujourd'hui il n'est pas là.

J'écarte machinalement les voilages qui tombent devant ma fenêtre. J'ai repassé dans ma tête la discussion que nous avons eue hier une bonne dizaine de fois et je n'ai aucun doute, il devrait déjà être ici. Impossible d'empêcher la vague d'angoisse de me saisir au ventre, pourtant je me rassure comme je peux.

J'imagine un embouteillage, un appel téléphonique qui l'a retardé. Peut-être devrais-je l'appeler ? Ou peut-être pas.

Pour me rassurer, je me répète qu'il est impossible que Baptiste me laisse lui aussi. Pourtant je sens bien cette alarme au fond de moi.

Je finis par l'appeler, il ne répond pas. Je pense à Solveig de suite, mais je me ravise. Et si je m'inquiétais pour rien ? Non.

J'attends.

Je garde mes peurs et mes doutes pour moi et me morfonds sur mon canapé. Il a laissé une chemise, je l'attrape et sens son odeur au niveau du col. La pression redescend peu à peu. Je reste là, avec la chemise contre moi, la tête posée sur elle et le sommeil m'emporte.

Solveig

Ils ont simplement bavardé, c'est ce que Julie la fille de l'accueil m'a dit. Je ne peux pas expliquer pourquoi, mais cette information m'a soulagée. Il est clair qu'elle est sous le charme. Fallait voir ses yeux brillants et ses joues légèrement rosées. Elle le décrit comme un homme avec du charisme et surtout une gentillesse infinie. Le tableau qu'elle m'a dressé d'Erick est carrément impressionnant. Je me demande jusqu'à quel point elle l'a idéalisé.

Nous avons discuté et elle m'a indiqué des établissements où il a l'habitude de se rendre pour manger un morceau ou boire un verre. Après tout, vu le point où j'en suis je pense que je peux aller poser des questions par là-bas. Il refuse de me voir, mais quand j'ai une idée dans la tête, et bien elle n'est pas ailleurs.

Je n'ai pas vraiment prévu la garde-robe pour sortir, alors un jean avec une blouse feront bien l'affaire pour poser des questions. Pour sortir le soir j'ai quand même toujours cette habitude de m'arranger un peu, alors je me maquille.

Le premier établissement est un bar, il se situe à quelques rues de l'hôtel, je peux y aller à pied.

J'attends donc que la nuit tombe et suis le GPS de mon téléphone qui me traîne dans une petite rue. En une dizaine de minutes, je me trouve là où je veux. Devant, quelques plantes ont été posées sur une rambarde en bois. Je reconnais le son qui s'échappe de la porte restée entrouverte. Cette guitare. C'est comme si le ciel pleurait. Gary B.B. Coleman.

J'entre, il n'y a pas beaucoup de monde, mais assez pour que je me sente fondue dans le paysage. Cet Erick est surprenant, c'est bon d'être là. Me renseigner ne m'empêche pas de boire un verre en savourant la musique.

Un type est installé derrière le bar, il est grand – vraiment très grand. Sur une chemise blanche aux manches retroussées, il porte un veston noir. Ses avant-bras sont recouverts de tatouages, mais de là où je suis, je ne peux pas voir ce qu'ils représentent. Il fait sûr de lui, se dirige d'un client à l'autre en laissant à celui-ci en plus de sa consommation un sourire ou une main posée sur son bras. Il arrive à moi et me dévisage.

— Je ne vous ai jamais vue par ici, s'exclame-t-il par-dessus la musique.

— Parce que vous reconnaissez tous les gens qui passent cette porte ?

— C'est un de mes nombreux talents.

— Votre talent m'arrange bien !

— Expliquez-moi ça ?

Il s'approche de moi et cette proximité me met un peu mal à l'aise. Je baisse la tête et contemple un instant une horloge encrée dans sa peau au milieu d'un brouillard épais, une silhouette masculine est posée sur celle-ci.

— Le temps passe, mademoiselle.

Je ne suis pas certaine de savoir s'il fait référence à son tatouage ou au fait qu'il attende patiemment que je lui explique de quoi il retourne.

— Un… ami est peut-être venu ici dernièrement et je le recherche. Pourriez-vous me dire si vous l'avez vu ?

— Vous avez une photo ?

Je la lui sors et il regarde une fraction de seconde. Un sourire fend son visage.

— Vous cherchez Erick ?

— Euh… Oui.

— Non, il n'est pas passé récemment, à moins qu'il ait dérogé à ses habitudes, car nous avons pour habitude de boire un verre ensemble quand il descend.

— Je sais. Je me suis dit qu'avec un peu de chance, il serait dans le coin en ce moment.

Je n'ai pas trop envie d'épiloguer alors je n'en dis pas plus.

— Moi qui pensais que j'allais pouvoir vous inviter, je sens mes chances nulles.

Je ris et commande. Je commande plusieurs fois.

Au moment de partir, je lui écris mon numéro sur une serviette et la lui donne.

— Si Erick vient, vous voudriez bien m'appeler ?

— Et s'il ne passe pas ?

Je lui fais un clin d'œil, amusée par son assurance – un peu flattée aussi – et prends le chemin du restaurant dans lequel je dois me rendre.

La nuit est tombée et après quelques verres, je suis plutôt ravie que mon application m'indique un trajet à pied de moins de cinq minutes. Je tourne à l'angle d'une rue et continue mon chemin. C'est étrange, j'ai l'impression que l'on me suit. Je regarde au sol, la lumière des lampadaires projette les ombres des corps vers l'avant. J'ai au moins cette chance. Si l'on s'approche trop, je pourrai l'anticiper.

Quelqu'un marche derrière moi. J'accélère un peu le pas, la silhouette en fait de même.

L'adrénaline est une hormone merveilleuse, mon corps se prépare tout seul à un potentiel danger, les battements de mon cœur s'accélèrent, mes sens sont en alerte, si bien que je ne suis pas surprise quand je sens une main se poser sur mon épaule. Je me retourne. Un homme se tient devant moi. Avant qu'il ne commence à parler, je lui décoche un coup de genou qui manque sa cible, mais fait tout de même se plier en deux mon poursuivant.

Sauf que je réalise assez vite que je viens d'agresser le barman.

— Oh mince… Mince… Je suis désolée ! Vous allez bien ?

Il reprend son souffle et éclate de rire en me tendant mon foulard que j'avais visiblement oublié dans le bar. Son rire est communicatif.

— Vous êtes carrément impressionnante !

— J'aurais dû être boxeuse.

— Là c'est carrément du niveau MMA !

Je lui montre mon foulard et le remercie avant de poursuivre mon chemin. Je suis à nouveau interrompue par sa main sur mon épaule.

— Attendez une minute.

Il prend son téléphone et se retourne avant de revenir vers moi.

— On mange ensemble.

— Ce n'est pas une question, ça ?

— Non, effectivement.

Je ne suis pas convaincue par cette manière cavalière de s'imposer, mais en même temps j'aime bien son assurance. Et puis je dirais qu'il sait à quoi s'attendre s'il dépasse certaines limites.

— Alors c'est moi qui choisis l'endroit.

— Je ne vais pas risquer de prendre un coup mal placé !

Nous arrivons au restaurant dont Julie m'a parlé.

— Il fallait me dire que vous vouliez venir manger ici !

— Vous connaissez ?

— Un peu.

Le restaurant est petit et la salle semble vraiment remplie, nous n'aurons pas de table ici ce soir. Tout du moins, c'est ce que je crois.

— Oh Benjamin, bonsoir !

— Bonsoir, auriez-vous une table pour nous ce soir ?

— Évidemment.

Il répond avec un clin d'œil.

Nous traversons la salle et dans un recoin de la pièce nous sommes installés.

— Vous ne connaissez pas seulement un peu, semble-t-il, lancé-je.

— Je trouve que l'on mange plutôt bien, ici. Erick vient régulièrement d'ailleurs.

— Je sais.

Il croise les bras sur sa poitrine et s'appuie au dossier de sa chaise, silencieux. Il me semble qu'il réfléchit, me jauge. Ses sourcils se froncent puis se relâchent. Je me surprends à regretter de ne pas pouvoir entendre son dialogue intérieur. Il positionne son buste un peu plus en avant tout en décroisant ses bras.

— Maintenant, passez à table avant que je ne vous cuisine.

— Je ne suis pas digeste.

— Là comme ça, je ne dirais pas ça

— Mon estomac est prioritaire, désolée.

— Mon expérience m'a appris à ne jamais interrompre une femme affamée.

— Vous êtes un homme intelligent.

— Avec une bonne mémoire.

Je n'ai pas vraiment le choix alors je lui explique tout. Je suis coupée par la serveuse lorsqu'elle prend notre commande et qu'elle nous amène nos plats, mais à aucun moment je ne le suis par Benjamin.

— Je vais demander, je connais bien les gérants pour avoir travaillé ici. Le monde est petit en restauration. Je peux savoir s'il est venu récemment en leur demandant de faire une recherche dans la comptabilité.

— Ce serait vraiment super.

— Ce serait normal, Erick est un ami, ce n'est pas pour rien que Julie t'a communiqué l'adresse du bar dans lequel je travaille. Je suis inquiet, pour Erick et tes recherches. Je veux t'aider. Et puis cela pourrait être dangereux.

— Je suis prudente.

— Je m'en fous, tu vas accepter mon aide et puis c'est tout.

— Je me sens un peu forcée, là.

— Veuillez, gente dame, avoir l'obligeance d'accepter mon aide ?

— Oui, je le veux.

— Je fais une crise d'angoisse... Vite un sac en papier !

Lorsqu'il me raccompagne devant l'hôtel, je ris encore à un de ces traits d'humour, ce Benjamin est drôle et je l'imagine tout à fait lancé dans une discussion à bâton rompu avec Erick.

Kristin

« *Vous êtes bien sur le répondeur de Baptiste, je suis sûrement très occupé, ou alors je n'ai aucune envie de répondre. Dans le doute, laissez-moi un message avec vos coordonnées si je ne les ai pas afin que je puisse vous contacter. » Bip*

— Baptiste, je m'inquiète, tu devais passer aujourd'hui et... Tu as dû oublier, mais vu les derniers événements, je suis vraiment inquiète. Alors, rappelle-moi dès que tu peux, s'il te plaît.

S'il te plaît.

17 MAI 2019

Simon

Vu l'heure, je sais qu'Elise n'est pas là, et pourtant me voilà devant chez Camille.

Je n'ai pas dormi, j'ai déambulé en attendant de pouvoir venir la voir. C'est une envie à laquelle je n'arrive pas à me soustraire.

Elle a dit que la situation actuelle était trop compliquée. Je me demande ce que cela veut dire.

Je suis devant son bâtiment, ne sachant trop ce que je vais faire. Je n'ai ni ma guitare ni mon sombrero pour chanter la sérénade et il vaut sûrement mieux pour les oreilles de tout le monde que je m'abstienne de pousser la chansonnette.

Une vieille dame sort de l'immeuble j'en profite pour me glisser à l'intérieur.

J'entame la montée de l'escalier puis redescends, je devrais sûrement y aller.

Seulement mes jambes s'en fichent des «je devrais sûrement». Quand je me trouve devant la porte, j'hésite à faire demi-tour, pourtant je sonne.

Elle se tient devant moi, la surprise se lit sur ses traits puis un sourire qui s'étire jusqu'à faire apparaître le mien. Elle irradie.

Camille réalise tout à coup qu'elle me barre le passage et s'efface pour me laisser entrer.

— Tu as l'air fatigué, lui dis-je.

— Toi aussi.

Je hoche la tête. Elle s'affaire à préparer du café, me tourne le dos. Je voudrais me glisser derrière elle et la serrer contre moi.

— Elise est au travail.

— Je sais, je ne suis pas venu parler à Elise.

Elle marque un temps d'arrêt.

— Est-ce que tu vas bien ? demande Camille qui approche avec une tasse qu'elle me pose dans les mains.

— Tu n'en prends pas ? m'étonné-je en m'asseyant.

— Je n'ai pas le droit.

— Pourquoi ?

Elle prend une longue inspiration et plante ses beaux yeux dans les miens.

— Je suis enceinte.

— Tu…

— Je suis enceinte, je porte un enfant…

— Depuis combien de temps ?

— Tu es le père.

Je reste assis à ne rien dire, à la regarder. *Un bébé ? Camille porte un bout de moi en elle ?*

Des tas de pensées inondent ma tête. Je navigue entre la joie, la culpabilité, la réalité.

Elle se lève et attrape ma tasse de café.

— Tu devrais y aller.

— Mais…

— Va-t'en.

Si seulement j'étais en capacité de réagir.

Mais non.

Je ne fais qu'obéir à son ordre et déserte comme dans un vieux film en noir et blanc, dans un silence pesant. Reste le bruit de mes pas dans le couloir, de mon cœur dans mes tympans et ce vide intérieur qui s'est installé.

Il y a des nouvelles qui vous assomment.

Je me retrouve propulsé en ville en plein jour. Un type me bouscule. Un klaxon agresse mes oreilles. Je finis par me rappeler que je suis dans la rue et mon cerveau se remet à fonctionner. Elise, Camille.

Il est temps d'être honnête avec les autres, avec moi-même.

18 MAI 2019

Solveig

Il soupire à côté de moi, résigné, je le regarde faire alors qu'il s'approche et m'embrasse. C'est bon de le sentir contre moi, de sentir son odeur. Quand il se décide à me déshabiller, je le laisse faire, je le laisserai faire ce qu'il veut de moi, mais ça, il ne le sait pas. Pourquoi tendre le bâton pour se faire battre ? Et puis s'il savait, je perdrais tout intérêt. Je ne suis désirable que parce que je représente une sortie du quotidien. Une nouveauté.

Il me guide, nous guide, il exige et prend tout. Et moi je lui donne tout, parce que ça vaut la peine, j'en suis sûre. Surtout quand j'entends sa voix au creux de mon oreille. Ça n'a rien de comparable. Rien. C'est le corps qui décide et l'esprit se réfugie dans un endroit qu'il tient secret. Une tornade de sensations dicte des mouvements qui ne nous appartiennent déjà plus. On peut mettre des mots. Décrire ces effleurements, ces gestes, mais jamais on ne pourra retranscrire avec justesse des moments comme ceux-là.

On cogne à la porte.

M'en fous, je dors.

On cogne pourtant encore.

J'ouvre les yeux et regarde à côté de moi, perdue. Il n'y a personne. C'était Jérémy. Mon ex. J'ai rêvé de lui après toutes ces années. Je me sens perdue dans ces instants du passé qui paraissent tout à coup si proches.

Un rayon de soleil filtre à travers les voilages blancs de la fenêtre de l'hôtel, inondant la pièce d'une lumière douce et pure.

— Solveig ?

Mince, la porte, j'allais oublier. La voix féminine ne me laisse aucun doute sur l'identité de ma perturbatrice : Julie, l'hôtesse d'accueil.

Je me lève et glisse sur *The White Side*, je me rattrape in extremis au mur.

J'ouvre la porte. La jeune femme veut savoir si mes recherches nocturnes ont donné quelque chose. Je lui fais un point rapide qui la satisfait autant que moi. Je suis frustrée de ne pas avoir trouvé le moindre indice. Mais au moins, elle ne s'éternise pas, me permettant de retourner me mettre au lit et refermer aussitôt les yeux.

Jérémy, que viens-tu faire dans ma tête ? Cette question reste sans réponse, et prend un malin plaisir à m'empêcher de retrouver Morphée. Mais cette nuit, pas de cauchemar ni de brouillard. Un peu de répit n'est pas un luxe.

Une douche chaude semble me remettre les idées en place. Prendre son temps a du bon. En me brossant les dents, je me dévisage. Si tout ce qui tourne dans ma tête se voyait sur mon visage, je me demande comment on me jugerait. Je me sens laide de l'intérieur. Ma vie n'est qu'une succession de morts, de départs et de mauvais choix. Ma famille, ma mère, Jérémy, Erwann. J'ai envie de vomir.

Si je pouvais éviter à Elise de faire les mêmes conneries que moi ! Loin de moi l'idée de distribuer des leçons. D'abord, je pense que ce n'est pas mon rôle et puis la vie est bien assez douée pour nous en donner. Seulement Elise semble complètement à côté de ses pompes et quand elle part dans ses délires, elle a besoin qu'une de ses amies lui dise qu'elle dépasse les bornes. On ne peut pas dire que Camille soit en position de s'en occuper en ce moment alors je chausse mes gros sabots et l'appelle.

Tout y passe, la surprise, la colère, les pleurs, mais il me semble que je fais mouche et qu'elle entend ce que je tente de lui faire comprendre. À savoir qu'elle n'apprécie simplement pas que Kristin lui pique son ex et qu'elle va foutre en l'air son couple pour du vent. Quand j'en ai fini avec le sermon et que mon amie me raccroche au nez en me disant que je n'ai qu'à me mêler de mes affaires, j'en appelle une autre.

Camille décroche à peine ai-je appuyé sur son prénom.

— Salut, dis-je avec entrain.

— *Oh, Solveig.*

— Cache ta joie !

— *Désolée, je pensais que c'était...*

— David Damien.

— *Oui, enfin j'espérais.*

— Ça va ?

— *Et toi ?*

— Réponds.

— *Eh bien, nous avons parlé de ma grossesse.*

— Et ?

— *Il est sorti de l'appartement sans un mot. Bon je l'ai peut-être un peu mis à la porte, mais je lui aurais cassé un vase sur la tête que ça aurait eu le même effet.*

— Oh...

— *Au moins, c'est clair.*

— Tu n'en sais rien.

— *Il doit me prendre pour une pouf qui lui a fait un gosse dans le dos.*

— Ce serait un abruti.

— *Il va me détester.*

— Mais non. Laisse-le digérer, ça doit être une sacrée nouvelle.

— *Et pour moi, bordel ! Ce n'est pas une putain de nouvelle ?*

— Je n'ai pas dit ça.

— *Je sais... c'est juste... J'ai l'impression de devenir dingue.*

C'est difficile de sentir sa détresse et ne rien pouvoir y faire. Face à nos peurs et nos doutes, nous sommes seuls. On peut avoir des tas d'amis, de gens qui pensent à nous, la lutte reste intérieure. Il n'y a que Camille qui puisse se rassurer, se raisonner, se battre pour elle-même. Je l'écoute jusqu'à ce qu'elle n'en puisse plus de parler. C'est tout ce que j'ai après tout, mes deux oreilles. Tout ce que je peux lui proposer pour accompagner cette solitude. Je l'écoute comme j'aurais eu besoin qu'on le fasse par le passé, qu'on me laisse vider, dire et redire jusqu'à ce que mes yeux s'ouvrent. Que les leçons s'imposent d'elles-mêmes. Être là pour ceux qu'on aime, c'est aussi savoir se taire et se tenir là, le plus près que l'on puisse sans s'imposer.

La matinée s'est écoulée à la vitesse de l'éclair, midi sonne. Le ballet des pauses méridiennes défile devant ma fenêtre. Mon estomac, lui, reste en berne. Je m'occuperai bien de lui ce soir, de toute façon, puisque j'ai encore deux établissements à aller voir. Un bar et un restaurant. À ce train-là, la cirrhose me guette.

Benjamin m'appelle, il me faut un temps pour comprendre qui est mon interlocuteur. Je ne pensais pas qu'il rappellerait si vite. Il m'informe que les recherches dans la comptabilité du restaurant n'ont rien donné et insiste pour m'accompagner à nouveau, ce que j'accepte. Je ne suis pas très prudente de me laisser accompagner ainsi par un inconnu. Mais sa compagnie n'est pas désagréable, elle amène un peu de légèreté à cette situation farfelue. Pour une fois je serai à l'heure.

Lorsqu'il passe me prendre devant l'hôtel, je lui fais remarquer que j'ai peut-être tort de le suivre, que je ne le connais pas et qu'il pourrait être dangereux. Il tourne l'idée en dérision, et moi je ris à ses blagues, me saisissant du répit qu'il m'offre. Il y a des gens que l'on croise et qui l'espace d'un instant vous offre de la lumière, de la chaleur humaine, juste ce qu'il faut pour vous redonner la force d'avancer.

Alors qu'il m'explique qu'Erick est très drôle, je suis prise d'une sensation de malaise. Je n'ai rien à répondre à cela, car après tout, je n'en sais rien.

Il remarque mon silence – peut-être aussi le fait que je me sois immobilisée – et me questionne : « Qu'est-ce que tu fous là, Solveig ? ». Je lui réponds que je cherche. Cela lui tire un sourire, et moi je me demande ce qu'il peut bien y avoir de drôle à cela.

Est-ce si risible de ne pas savoir après quoi l'on court ?

Dans le bar où nous avons atterri, un type gratte sur une guitare et avec sa voix grave et atypique reprend à merveille *Long Night* d'Eddie Vedder. Il n'a pas le même grain que l'original, ça ne m'empêche pas d'être percutée en plein cœur. C'est la seule découverte du soir qui vaille le coup, car personne n'a vu Erick.

Chou blanc.

Je vais devoir chercher encore, courir après quelqu'un qui ne veut pas qu'on le retrouve et qui ne sais même pas ce que cela signifie pour moi.

20 MAI 2019

Elise

Les mots de ma meilleure amie résonnent dans ma tête. Ils m'ont donné à réfléchir. Si bien que je me suis décidée à passer chez nous pour le voir.

— On boit un thé ? proposé-je à Simon.

Il acquiesce, l'air perdu. J'ai peut-être exagéré. Je ne lui connais pas cet air et cela m'inquiète. Une fois nos tasses servies, je m'installe avec lui sur le sofa.

— Je crois qu'on devrait parler, ajouté-je.

— Je ne suis pas sûr.

Je le regarde, hébétée.

— Qu'est-ce que tu veux Elise ? Je pensais que tu voulais faire un break.

— Je crois que j'ai dépassé les bornes.

— Oh et bien, il était temps de t'en rendre compte !

Je me lève d'un bond.

— Es-tu obligé de m'agresser ?

— Je crois qu'on devrait se séparer pour de bon.

Je le scrute, ses yeux sont levés vers moi, aucune émotion ne transparaît alors que mes mains tremblent un peu.

— Tu... Pourquoi ?

Simon s'extrait du canapé à son tour et se dirige vers la fenêtre. Il regarde dehors et moi j'attends bêtement qu'il me réponde.

— Pourquoi Simon ?

— Parce qu'on ne peut pas continuer à se leurrer, tu l'as dit toi-même. Cela fait un moment que ça dysfonctionne, que nous imaginions-nous ? Que nous pourrions construire une vie comme ça ? Non.

— Alors tu ne m'aimes plus ?

— Alors je ne veux plus de cette vie.

— Et tu veux quoi ?

Il se retourne vers moi.

— Le bébé de Camille est aussi le mien.

Je recule de quelques pas, comme si la déflagration de cette bombe dans nos vies avait un impact sur mon corps.

Je ne peux rien dire – sidérée – et lui se tourne à nouveau vers la fenêtre.

Solveig

— *Bonjour, je souhaiterais parler à Madame Morel.*

— Je vous écoute ?

— *Je suis Lydia Martin, secrétaire chez L.V. Construction. Ma collègue m'a dit de vous rappeler.*

Enfin…

— Je vous remercie de le faire, votre collègue vous a-t-elle dit de quoi il retournait ?

— *Oui, pourrions-nous nous rencontrer ? Je préférerais que nous en parlions de vive voix.*

Le rendez-vous est fixé pour le déjeuner. Cette conversation suscite chez moi une certaine excitation. L'espoir irrépressible que cette rencontre fera avancer mes recherches s'insinue en moi. Quel fourbe ! Peu à peu le stress vient remuer mes entrailles. Elle ne voulait pas parler au téléphone. Cela m'intrigue.

Je m'installe devant la fenêtre. Ici, et le lit sont devenus les endroits où je préfère m'installer. Sur le lit, j'écris. Devant la fenêtre, je me perds dans mes pensées. Je laisse les minutes s'égrener bien au chaud dans un monde qui n'appartient qu'à moi. C'est là que les souvenirs me surprennent, que mes orages intérieurs grondent.

Je serre *The White Side* contre moi. Comme si un carnet pouvait me rassurer. J'ai vérifié, à l'intérieur rien de nouveau n'est apparu. J'ai écrit quelques mots, je pensais à Erwann, à ce que j'aurai aimé lui dire avant qu'il ne meure.

Une goutte s'écrase contre la vitre, puis deux, une douce mélodie fait son apparition. Un flic, floc, rythmé qui se transforme en déluge s'abat sur la ville.

Le ciel est si noir, le soleil qui avait pointé le bout de son nez plus tôt est à présent dissimulé derrière des nuages épais.

Les passants qui se sont fait surprendre courent ou sont dissimulés derrière des parapluies multicolores. Fourmis esclaves d'un monde que j'ai envie de fuir.

Comme souvent ces derniers temps, une brume s'abat sur la ville.

Une silhouette attire mon attention.

Je me redresse brusquement. Est-ce que je me trompe ?

Pourtant…

Je m'élance à travers la chambre, récupère ma carte, manque de tomber dans le couloir.

Je dérape sur le carrelage lustré du hall pour enfin finir dans la rue.

De loin, malgré le brouillard, toujours cet homme qu'il me semble avoir reconnu. Mes jambes ne vont pas assez vite et ne sont pas aussi rapides que les gouttes qui trempent mes vêtements.

Pas non plus aussi vives que les trémulations de mon thorax qui se met en branle.

À l'angle de la rue, il tourne et quand c'est à mon tour d'y être, il n'y a plus rien qui vaille la peine d'être vu. Rien.

Dépitée, j'emprunte le chemin inverse, à côté de mes pompes.

Je dois me préparer à nouveau ou la secrétaire risque de prendre peur.

Du mascara dégoulinant sur les joues, mes cheveux plaqués contre les pommettes gouttant sur ma chemise qui est entièrement moulée à mon corps. Il doit être possible de postuler pour un film d'horreur. Peut-être pour la nana qui se fait zigouiller en premier. Ou pour celle qui a des hallucinations. Il n'y a pas besoin d'être dans un film tout compte fait.

J'aurais juré voir Erwann, sauf que c'est impossible.

Impossible. Les morts ne reviennent pas à la vie. Pourtant, j'aimerais tellement que ce soit possible.

Une heure plus tard, je pointe mon nez au rendez-vous.

— Je suis désolée, mais ma pause déjeuner est assez courte, il va donc falloir faire vite.

— Ce n'est pas un souci.

Lydia me dévisage, semblant évaluer si oui ou non elle peut me parler tout en tirant sur sa cigarette. J'en sors une aussi qu'elle allume avec son briquet. Elle a choisi de s'installer sur la terrasse « fumeurs », qui est une espèce de bulle pleine de fumée. J'ai beau être fumeuse, je me demande comment je vais pouvoir avaler le moindre aliment dans cet aquarium puant.

Ceci dit, la cigarette, on peut lui reprocher de nous faire crever, mais elle a un pouvoir magique, celui d'amener à la confidence. Il suffit de s'asseoir avec quelqu'un sous prétexte de fumer et les langues se délient, les maux sortent, les secrets se dévoilent. Je me suis toujours demandé d'où cela venait. Est-ce parce que l'on prend le temps de s'asseoir alors que l'on ne le ferait pas sans ? Ou est-ce le sentiment d'appartenance à un club privé des « je fous mes poumons en l'air » ?

Toujours est-il que la secrétaire se met à déverser en tirant sur sa clope comme si sa vie en dépendait. Ça sort par torrent et c'est décousu. Je dois reconstituer un puzzle de phrases commencées et non terminées. J'en viens à me demander si mon cerveau est capable de suivre la cadence. Pourtant à un moment elle s'arrête, pose de la monnaie sur la table et me salue en partant. Me laissant seule avec un gros tas de mots, d'explications et un nom qui me cloue à ma chaise. Un nom qui ne m'a permis que de murmurer un « merci » en guise de réponse.

En substance, elle confirme les propos d'Antoine : elle a vu Erick et le chef de projet qui chapeaute ce chantier sortir après lui. Pas l'homme que j'ai rencontré, non, celui du dessus. Jérémy.

Jérémy Varens.

Mon cerveau a pourtant tenté de me réveiller, et je n'ai pas saisi ses appels. Ça me revient maintenant dans le hall d'accueil chez L.V., j'ai vu son nom : Varens J. Et je n'ai pas été foutue de faire le lien. C'est sûrement pour cela que j'ai rêvé de lui.

Comment la vie peut-elle me ramener face à lui à nouveau ? Quand je pense changer de livre, passer à la suite, elle appuie là où ça fait mal, encore et encore.

Ce ne sont plus des appels de phares, c'est carrément le klaxon doublé d'un gyrophare avec sirène intégrée qu'elle me fait. Tout ne doit pas être si réglé, si simple que je le pensais.

C'est étonnant comme, à son insu, quelqu'un peut rythmer les grands changements de votre vie. Il devient en l'espace d'une seconde le bouc émissaire parfait.

J'erre dans les rues sous la pluie, puis me décide. Armée de mon odeur de clope, de mon maquillage qui coule à nouveau et de mes fringues trempées, je sais bien que je ne suis pas à mon avantage, mais je dois le voir. Je crois même que je pourrais ressembler à un personnage de cartoons. Les manches remontées, le buste en avant, les bras qui s'agitent dans un balancier démesuré. Je suis prête à lui faire la peau s'il le faut, mais il va passer à table.

L'agent de sécurité me dévisage quand je rentre et la secrétaire me court après dans les couloirs, mais je m'en fiche.

Telle Terminator, prête à achever sa Sarah Connor, je progresse dans le bâtiment, sûre de moi. Le problème c'est que je ne sais pas quel est son bureau, alors je me retourne vers la fille de l'accueil et le lui demande. Surprise, elle me répond du tac au tac, mais continue à me beugler dans les oreilles que je ne peux pas entrer comme ça, que je dois prendre rendez-vous.

Je parviens à me faufiler jusqu'à la bonne porte et marque un arrêt. La jeune femme continue à me pester dans les oreilles. Mais elle ne m'empêche pas de frapper au bureau de Jérémy.

Mes prévisions s'avèrent fausses. Non, je ne suis pas entrée en hurlant. Non, je ne pleure pas comme une madeleine qui a trop trempé dans je ne sais quelle boisson. Non.

Jérémy vient d'ouvrir et nous nous dévisageons dans un silence lourd de sens.

Il ouvre la bouche, puis la referme, comme s'il se ravisait. Un pas sur le côté lui permet de se décaler un peu, il m'invite à entrer. Nous nous retrouvons face à face, il n'a presque pas changé. Une ou deux ridules viennent orner le coin de ses yeux. Je trouve ça carrément injuste, dix années se sont écoulées depuis notre première rencontre, mais le temps a oublié de passer.

Je le regarde aller à son bureau et revenir avec un mouchoir.

— Tu as du…

Il me fait un signe qui m'indique le dessous des yeux.

Huit ans qu'on ne s'est pas vus et ces premiers mots sont pour me dire ça.

— Tu n'es qu'un enfoiré !

— Ce doit être la dernière phrase que tu m'as dite.

— Il faut croire que ça doit être vrai.

— Tu n'as pas toujours pensé ça.

— Il n'y a que les cons qui ne changent pas d'avis. Que sais-tu sur Erick Johansson ?

— C'est ton nouveau mec ?

— Est-ce que je te demande qui est ta nouvelle maîtresse ?

— Je suis un homme fidèle.

— À d'autres, réponds à ma question.

— Le bazar que tu fiches en venant m'est déjà arrivé aux oreilles, et je n'ai rien à te dire.

— Quel bazar ?

— Tes questions, je me demandais combien de temps tu allais mettre à venir me voir.

— Je ne savais pas que tu bossais ici, maintenant.

— Écoute, je n'ai aucune idée d'où est ton ami, nous avions des différends, mais c'est réglé.

— Ça veut dire quoi « c'est réglé » ?

— Que les rapports qu'il ne voulait pas remplir ont été remplis par son chef, donc ton Erick, nous n'en avons plus rien à secouer.

— Ça ne te pose pas de problème ?

— Quoi ?

— Tu sais pourquoi il ne voulait pas valider le contrôle de sécurité !

— Tu ne sais pas de quoi tu parles, et je ne compte certainement pas parler de ça avec toi.

— Alors je vais partir.

Je fais mine de mettre à exécution mes paroles.

— Attends, m'arrête-t-il, comment vas-tu ?

— Je te le dirai quand tu répondras à ma question.

— Non, je ne peux pas.

— Ta phrase fétiche, asséné-je.

— Ah ! On en est encore là…

— Non. Non, tu as raison, me radoucis-je. Je fais aller, et toi ?

— Je suis content de te voir.

— Tu as toujours eu une façon étrange de me le montrer.

Il ne dit rien, en même temps il n'y a rien à dire, c'est la stricte vérité.

— J'y vais.

— Vas-y.

Je ne bouge pas. Je n'y arrive pas, et lui continue de me regarder. Il s'approche et me prend dans ses bras. J'ai l'impression de rentrer chez moi après être partie à l'autre bout du monde. Pourtant, lui et moi n'avons jamais été capables que de nous arracher le cœur, le calme a toujours été synonyme de tempête. Comme si le jour de notre rencontre, celui de la mort de ma mère, avait placé notre relation sous le sceau de la douleur. Mais son étreinte, là, c'est comme un feu dans la cheminée de la maison de mes parents, comme la madeleine de Proust, ça sent bon le passé.

Solveig, toujours coincée une fesse dans l'enfance. Est-ce que je vais arriver un jour à avancer ?

Une larme glisse sur ma joue. J'ai peur. Je suis terrorisée, comme la petite fille dans sa chambre avec son livre. Comme l'adolescente dans le bar. Toujours à me donner un genre et à trembler de l'intérieur. J'ai eu beau désirer une vie stable avec Erwann, ou vouloir changer de vie. Oublier. J'ai cru tout oublier, mais je suis la même. Et j'ai peur. Comment avancer ? Comment arrêter de traîner toutes mes douleurs et mes failles comme un boulet attaché à ma cheville ? Je pensais que j'en avais fini avec tout ça, mais je n'ai fait que fermer les yeux pour ignorer. Aujourd'hui, maintenant, je décide de les laisser derrière moi.

J'ai cru à tort que je pouvais me construire sans affronter mes blessures. Je veux juste trouver un peu de paix avec moi-même. Ce n'est pas grand-chose. Mais quand est-ce que j'aurais le droit à la paix ?

Je me détache et file vers la sortie sans me retourner.

Je sens à nouveau cette colère, celle qui prend aux tripes et monte comme un incendie incontrôlé. Je lui en veux. Oh, pas à Jérémy, pas à mon père non plus, il n'a jamais été qu'un déchet et j'ai eu la chance de rencontrer des hommes bien. J'en ai après ma mère, celle qui devait être un modèle s'est avérée défaillante, éthérée. Elle n'a jamais su s'affirmer, ni face à mon père ni face à la maladie puisque c'est elle qui l'a emportée. Jusqu'à sa mort, elle a subi. Elle n'a pas su m'apprendre, me montrer comment être heureuse. Je veux être heureuse. Et c'est elle et sa mort que je dois regarder en face.

Camille

Jusqu'à cette année, je pensais être une bonne personne. Une fille bien. Je crois que je ne pourrais jamais accepter celle que je suis finalement. Je suis horrible. Je n'ai pas anticipé ce qui m'arrive. Plus jeune, je me suis mis en tête que ma vie était toute tracée, que j'épouserais Pierre. Adolescente, je ressentais beaucoup de fierté d'être sa petite amie – mes parents aussi, d'ailleurs. Eux qui avaient si peur de ne pouvoir assumer financièrement mes ambitions ont été soulagés en voyant que j'étais en couple avec un homme qui me mettait à l'abri du besoin.

Seulement eux, ils n'ont pas eu à subir l'humiliation. Je n'ai jamais été idiote. Je l'ai su la première fois qu'il m'a trompée. Croire qu'il pouvait changer par amour a été ma plus grande bêtise. Je me suis fait une raison, mais j'ai manqué de courage et puis j'aimais mon confort. Avant.

J'aurais pu rester à la maison, attendant de faire de beaux enfants, mais je me suis pris de passion pour le métier de journaliste et rien n'y a fait. Pas même les engueulades avec Pierre.

Un petit journal de proximité m'a pris mes premières piges et tranquillement j'ai tracé mon chemin. Bien sûr, j'aurais pu en faire un plus gros si j'avais accepté de partir pour Paris, mais j'ai fait des concessions, car je n'étais toujours pas prête à faire ma route sans Pierre.

Et toutes ces petites choses de la vie, tous ces instants où j'ai été déçue par mes choix qui au fond ne me satisfaisaient pas, m'ont conduit à cette soirée. Celle où j'ai couché avec Simon.

J'ai menti à mes amis, surtout à Solveig et Elise. Quel parfait alibi que Damien qui me fait du rentre-dedans depuis que nous travaillons sur la même enquête ! La réalité est tout autre. Je suffoque et me morfonds sur mon canapé, bouffée par le stress, et enceinte de celui qui partage la vie de ma meilleure amie. Celle-là même qui est venue vivre sous mon toit. Je suis horrible.

La boîte de chocolat posée sur la table basse est en train d'atteindre son niveau le plus bas.

Simon et Elise ont toujours été un couple libéré, et j'allais mal. Cela ne justifie rien.

Nous avons bu, il m'a fait rire, nous nous sommes toujours bien entendus, mais c'était le partenaire d'Elise, alors je n'ai jamais pensé à autre chose. Ce soir-là, je l'ai vu autrement. J'ai vu à quel point il était beau, drôle, intelligent. Je me souviendrai toujours de ce regard qu'il a posé sur moi. J'ai senti mon cœur battre un peu plus fort et ce n'était pas du seul fait de ce désir que je m'étonnais à ressentir. Je le sais maintenant. À ce moment-là, je n'ai simplement pas vu le mal. Jusqu'à ce que je réalise qu'au fond de moi c'était plus qu'une soirée de lâcher prise. Que je découvre que l'incartade allait me rendre mère célibataire.

Simon est venu. Lui qui représente tout l'inverse de l'homme avec qui je pensais, plus jeune, vivre ma vie. Et dont je me rends compte que je donnerais n'importe quoi pour qu'il me prenne la main ou me caresse à nouveau le visage comme lors de cette soirée. Mais je l'ai fichu dehors quand j'ai vu sa réaction. Je savais que j'allais m'effondrer.

Je cours aux toilettes pour voir la faïence blanche de mes w.c. de plus près. Qui a osé dire que les fameuses nausées de grossesse ne durent qu'un trimestre ? Je me laisse glisser sur le sol glacé de la salle de bains et pleure par hoquets.

Bon Dieu, mais quelle conne…

Je ne supporte plus la situation, moi qui ne suis pas familière du courage, qui apprend à peine à affirmer mes décisions, je me lève en m'appuyant sur la lunette blanche, me brosse les dents et traverse l'appartement en direction de la chambre d'Elise.

Le parquet craque. La porte s'ouvre brusquement.

Surprise, je regarde mon amie, elle arbore les mêmes sillons rouges sur les joues que moi, les mêmes yeux bouffis par les larmes.

Simon a parlé avant moi. Il me laisse la place de la condamnée, de celle qui aura menti jusqu'au bout.

Elise, blême, traîne derrière elle sa valise et sans un mot, quitte l'appartement.

Tout ça pour quoi ?

Tout ça pour quoi.

Kristin

— Solveig ?

— *Oui, tu vas bien ? Des nouvelles de ton frère ?*

— Pas de nouvelle, et toi ?

— *Non désolée, pas depuis la dernière fois.*

— Je ne t'appelle pas pour cela.

Je m'éclaircis la voix et reprends :

— Baptiste... Il devait venir me voir, il n'est pas venu, n'a pas prévenu et je n'arrive pas à le joindre depuis quatre jours.

Elle ne répond pas.

— J'ai hésité à t'appeler, je ne voulais pas t'inquiéter, mais…

Mais soyons clair, à qui d'autre puis-je signaler la disparition de Baptiste ? J'ai l'impression que le sort s'acharne. Je voudrais me taper la tête contre un mur tellement elle me fait mal. M'arracher le cœur et l'envoyer valser à travers le salon. J'ai l'impression d'être prise au piège et que l'on m'enlève toutes les personnes auxquelles je tiens, et la seule à qui cette sensation peut parler, c'est Solveig.

Parce que cette fille que je ne connais presque pas tient aux mêmes personnes que moi, aussi parce qu'elle sait ce que je ressens pour l'avoir déjà expérimenté.

— *Tu as bien fait de m'appeler, je vais contacter Simon, Camille et Elise, puis je te dis ce qu'il en est.*

Et moi, comme lorsqu'Erick a décidé de fuir, je me retrouve seule et je me sens faible. Je déteste ça. Je m'agace, la situation m'exaspère. J'écris un mail à mon frère lui disant qu'il est temps de rentrer, que j'ai besoin de lui. S'il ne le fait pas, qu'il m'écrive au moins juste un mot.

Et j'attends que le temps s'égrène, prisonnière de mon corps, car je dois aller en dialyse. Encore.

Solveig

Installée dans ma chambre, je fais le tour des répondeurs de mes amis. À croire qu'ils se sont passés le mot. Baptiste est sur répondeur – évidemment –, Camille et Simon, aussi. Enfin, Elise me répond d'une voix blanche – cette voix, je ne la lui connais pas –, alors je la questionne avant même de lui parler de notre ami.

De sa voix désincarnée, elle m'explique. Ses mots sont crus, bruts :

— *Tu savais que Simon et Camille baisaient ensemble ?*

— Qu'est-ce que tu racontes ?

— *Elle s'est bien foutue de nous, notre amie en détresse. Il n'y a jamais eu de flic marié. Elle est enceinte de mon mec !*

Je me demande si El' fait encore une crise de parano, mais le ton de sa voix me laisse entrevoir qu'elle est sûre d'elle. La seule chose que je trouve à dire c'est :

— Je suis désolée, je n'étais pas au courant.

— *Oh, ne sois pas désolée, tu n'y es pour rien. Tant que nous en sommes à la journée des révélations, je dois te dire qu'après votre séparation, Erwann et moi nous sommes vus et par vus, je veux dire dans un lit. Alors au final, je ne peux pas vraiment leur en vouloir. Franchement nos amitiés sont pourries jusqu'à la moelle. On ne fait pas ça à ses amis. Regarde-nous, nous sommes pitoyables.*

Je reste effarée de tous ces non-dits entre nous. Moi qui pensais que nous étions de vrais amis, qui les considère comme ma famille, vois les choses sous un angle nouveau.

Je n'ai pas envie d'épiloguer, et je ne sais même pas quoi dire. Je veux juste savoir où est mon ami. Celui qui paraissait avoir la vie la plus dissolue et qui en réalité est peut-être le plus simple et honnête.

El' n'a aucune notion d'où il peut être, mais propose d'aller voir chez lui. Je lui demande de me tenir au courant et raccroche hébétée par nos échanges surréalistes.

Cela fait sûrement trop pour moi. Je m'assieds et je note les mots qui s'entrechoquent sur *The White Side*. Elise qui s'envoie mon ex.

J'ai été si aveuglée par mes petites envies d'écrire que je n'ai rien vu. Je ne suis même pas en colère. Juste incrédule. Tout est différent. Ce que je croyais être la vérité n'était qu'un écran. La vérité, la réalité, les mots changent de sens.

Tout le monde a ses secrets. Comme ma mère. Elle aussi vivait cachée, personne ne savait quelle était vraiment sa vie à part moi. Et moi je vis cachée derrière mon pseudo. Tout se noie, se mélange. Être sens dessus dessous, je crois, bien que je teste cette expression.

« Arrête »

Sous mes yeux, sur mon carnet, ce mot apparaît. Comme par magie.

Je reste interdite à contempler les lettres, passe mon doigt dessus. Que j'arrête quoi ?

Elise

Ma valise racle le sol derrière moi. Je viens de quitter l'appartement de Camille et d'avoir Solveig au téléphone.

Je serais perdue dans les rues si je n'avais pas un but : savoir ce qu'il se passe pour Baptiste. Chaque pas me coûte. Mais peu à peu tout s'efface laissant la seule place à ma recherche. Je vide ma tête de mes pensées. J'oublie tout.

J'avance déterminée à la lumière des lampadaires. L'humidité du sol transpire jusqu'à en faire un brouillard qui gêne ma progression, car je me cogne à un banc. Alors que je continue tout de même d'avancer presque à tâtons, je commence à me sentir mal. Une sensation de malaise m'envahit, la tête me tourne, ma vision se brouille, mes jambes sont en coton. La valise m'échappe des mains, j'essaie de la rattraper en vain. Je cherche ma respiration, mais ne la trouve pas. Je crois que je meurs. Ce doit être ça, car je me sens bien. Trop bien pour que cela soit réel.

Je serre les dents dans un réflexe incontrôlable au moment où je réalise que ma tête va heurter le sol. Le choc que je cherche à anticiper ne se produit pourtant pas.

Je suis debout, droite comme un I. Je ne suis plus dehors, mais dans une pièce que je connais. Pourtant quelque chose m'échappe.

Je prends une inspiration, surprise de pouvoir à nouveau le faire et ferme les yeux pour pouvoir rassembler mes neurones qui semblent s'être éparpillés dans le brouillard. Ça y est, je sais.

Je bats des cils le temps de faire la mise au point et Solveig se trouve devant moi, en robe rouge, assise, dos à sa porte d'entrée.

— Ma chérie, commencé-je en m'approchant.

Elle se redresse tant bien que mal et avance d'un pas décidé vers moi. Je reprends :

— Louloute ?

Elle ne s'arrête pas et... passe à travers moi.

Malgré moi, je me mets à hurler de terreur.

Bon Dieu, je suis morte !

Je viens de mourir au pire moment qu'il soit. Célibataire. Brouillée avec presque tous mes amis. En même temps, y a-t-il un bon moment pour ça ?

Je ne me suis pas préparée. Je croyais avoir la vie devant moi. Alors je fais comme si So' pouvait m'entendre une dernière fois. Je m'approche d'elle et lui dit que je l'aime, je lui demande de me pardonner pour Erwann, pour la façon dont je lui ai parlé. Une fumée dense m'interrompt, elle s'insinue par le dessous de la porte, par les fenêtres.

— So ! Tire-toi ! So !

Elle ne semble rien voir. Je me sens happée en arrière.

Mon atterrissage est brusque, mais j'ai la sensation de rebondir. Un brouillard opaque semble avoir amorti ma chute. Il me faut quelques minutes pour reprendre mes esprits, si tant est que cela soit possible.

— Eh oh ? Il y a quelqu'un ?

Peut-être qu'un ange va me répondre – on ne sait jamais – tant que ce n'est pas un démon qui compte me faire cuire à la broche, je prends. N'obtenant aucune réponse, je décide d'explorer les lieux.

Cet endroit est vide, j'ai l'impression de tourner en rond depuis des heures, mais je n'en suis même pas sûre. Je m'assieds perdue, éreintée.

Une fatigue intense me saisit et je ne peux plus lutter contre le sommeil.

**

— El' ?

— Elise, réveille-toi, bordel !

Mes yeux comme englués finissent par daigner s'ouvrir. Une silhouette masculine se découpe dans la brume devant moi.

— Elise c'est moi, Baptiste, fais un effort !

À ses côtés un autre homme se tient immobile. Dans un sursaut, je me redresse sur mes deux jambes. En effet, Baptiste est là avec un grand blond – très agréable à regarder.

— C'est Erick, m'explique Baptiste.

Mes membres tremblent un peu, je me sens comme sortie violemment d'un sommeil profond. Baptiste, Erick ? Il manque une pièce à ce puzzle pour que je comprenne où je suis. J'essaie de regarder autour de moi, mais il n'y a rien à voir. Tout semble irréel, même Baptiste, raide comme un piquet devant moi.

— Tu peux me dire ce qu'il se passe et ce que je fiche ici ?

— Je n'ai pas de réponse à t'apporter, mais d'avoir discuté avec Erick avant qu'il ne puisse plus parler et que je me retrouve paralysé, le point commun, c'est Solveig. Ses souvenirs.

— Avant d'arriver ici, je l'ai vue.

— Elle va bien ?

— Je veux dire... ce n'était pas normal. J'étais dans la rue, je suis tombée et puis je me suis retrouvée chez elle, devant elle, et elle ne me voyait pas.

— Oh, Erick et moi aussi avons vu Solveig à différents moments de sa vie.

— De sales moments ?

— Oui.

— Nous ne sommes pas morts ? demandé-je.

J'ai beau essayer de comprendre, tout semble si impossible que je ne sais pas si je délire, ou si nous délirons à trois. J'ai déjà entendu parlé de Pont-Saint-Esprit, une ville dans le Gard où des centaines d'habitants se sont mis à avoir des hallucinations, certains sont morts. Personne n'a jamais su ce qu'il s'était passé. On a parlé d'un « pain maudit » qui aurait été contaminé par on ne sait quoi, peut-être l'ergot de seigle, on a parlé d'expériences des Américains au LSD pulvérisé sur la population.

Si ça se trouve je suis défoncée et nous allons bientôt mourir.

Je réalise que mon ami n'a pas bougé d'un pouce depuis que je suis ici.

— Je ne crois pas, mais je ne suis sûr de rien.

J'attrape Baptiste et tente de l'aider à se mouvoir. Il reste figé.

— Laisse tomber, je suis paralysé. Je ne peux même plus

remuer le petit orteil. Erick l'a été avant moi, mais il était déjà présent quand j'ai atterri ici, dans le brouillard. J'ai essayé pendant des heures de le secouer et sans vouloir te vexer, je suis un poil plus costaud que toi.

— Alors que faut-il faire ?

21 MAI 2019

Solveig

Je descends au bar de l'hôtel et commande un Daïquiri, puis deux, trois... jusqu'à ne plus compter. Le monde disparaît.

Les fantômes de ma vie dansent devant mes yeux. Je suis complètement cuite, et seule – la honte.

Il est temps que je remonte jusqu'à ma chambre. Il est minuit passé. Je titube, me prends les pieds dans le tapis, tombe à genoux sur le sol. Un rire incontrôlable m'agite. Je me relève difficilement et me dirige vers mon lit. Des larmes venues d'on ne sait où se mettent à dégouliner en trombes. Des litres de flotte qui surgissent de l'écran de fumée qu'est la vie. Je regarde mon téléphone. Toujours pas d'appel d'Elise. Je suis trop épuisée pour le faire à sa place et sombre.

Je suis dans un nuage épais, gris, une brume opaque, qui peu à peu se dissipe.

Erick, Baptiste et Elise sont côte à côte, comme paralysés. Erick a les yeux fermés, je m'approche de lui, il les ouvre brusquement, les écarquille. Rien d'autre ne bouge. Je tente de venir plus près, mais je n'y arrive pas.

Baptiste gémit, je tente de l'atteindre, mais cela m'est impossible. Il y a comme une force invisible qui me retient, m'enserre, j'ai beau me débattre, j'ai la sensation que son étreinte se fait plus forte.

— Aide-nous ! crie mon amie.

Je suis projetée en arrière.

— Attends-moi !

Cette voix, je la reconnais, elle m'arrache les tripes. C'est celle de ma mère.

**

Le téléphone sonne dans le vide. Je me suis réveillée en sursaut et ai immédiatement tenté de joindre El'. Rien n'y a fait. Il est trois heures. Peu importe l'heure qu'il est. Je fourre mes affaires dans ma valise et jette un œil à la chambre qui m'a accueilli ces derniers jours. Il n'y a pas de place pour la nostalgie.

Malgré la quantité d'alcool ingérée plus tôt dans la soirée, je suis bien décidée à rentrer. Erick se planque, même si j'ai le sentiment qu'il y a autre chose. Mais Baptiste et Elise ? Et ce cauchemar ?

Arrivée à l'accueil, je suis surprise. Julie est installée. Cette fille n'arrête-t-elle jamais de travailler ?

— Je dois y aller.

Elle regarde incrédule mes bagages.

— À cette heure ?

— Une urgence.

— Erick ?

— Non pas du tout, je voudrais régler du coup.

— Je ne suis pas sûre que ce soit raisonnable, vu le rhum…

— Eh bien moi je vous dis que si, et si vous voulez que je parte après avoir réglé, et non avant, il va falloir me sortir la note.

Elle me regarde, les joues un peu rougies. Je réalise que je dépasse les bornes.

— Désolée je dois vraiment partir.

Je la remercie pour tout et quitte l'hôtel.

Ma voiture que je n'ai pas touchée depuis que je suis arrivée est toujours bien à sa place. J'y glisse mes affaires et pose *The White Side* sur le siège passager. Il est maintenant 3 h 45, les rues et les routes sont désertes.

Je m'éloigne de la ville à vive allure, absorbée dans mes pensées. Le cauchemar de cette nuit tourne en boucle. Il n'y a plus d'éclairage public, mais la visibilité est bonne. C'est une nuit lumineuse comme on en voit peu. La lune est immense. Elle paraît disproportionnée, étrange.

Je suis perdue, tout semble se casser la figure, m'entraînant dans sa chute. Les pins qui bordent la départementale – sombre à cette heure – semblent être découpés dans le ciel bien trop clair.

Quelque chose m'échappe.

— Des tas de choses t'échappent !

Simon

J'ai peint pendant des heures. Il n'y avait que cela qui pouvait me permettre d'évacuer. De mettre chaque chose à sa place. Le fait de tout dire à Elise m'a fait du bien, comme si les choses rentraient en ordre. Il fallait lui dire.

Je me suis retrouvé là, suspendu entre deux couleurs avec l'envie de rejoindre Camille, mais c'était trop le bazar dans ma tête et il fallait d'abord que je finisse ma toile. L'image de mon père dansait devant mes yeux. J'étais en colère après lui et en même temps je me retrouvais dans cette situation. Celle de n'être présent pour personne. Quelle folie pouvait me faire croire que j'étais un homme meilleur ? Pas les événements de ces derniers mois. Est-ce qu'il m'a façonné à son image ? Ou suis-je son antithèse ?

Des démons s'échappaient de ma tête pour venir se coller à la toile. Je me suis dit que je n'avais rien à voir avec Pierre. Que je voulais d'un foyer avec Camille. J'ai réalisé que c'est ce qui me manquait. Je n'ai pas eu de vrai foyer, le mien ayant implosé, et j'en touche un du bout des doigts. Une autre idée a fait son chemin : si je veux ce foyer, peut-être, elle, n'en veut pas.

Je ne peux pas la forcer, puis ce n'est pas dans mon caractère. Non, je ne peux pas.

Ma mère s'est retrouvée seule avec moi, car mon père ne voulait pas, ou ne pouvait pas être l'homme d'une seule femme. Il m'a avoué avoir regretté de ne pas avoir de port d'attache.

Je refuse de marcher dans ses traces. Je ne veux pas vivre comme lui. Pas à cause de ce qu'il a fait, plutôt à cause de ce qu'il n'a pas fait. Son absence et ce que mon esprit a fait de cette absence. Je courais après lui et son image en m'imaginant ne pas être assez bien. Comment un gosse ne peut-il pas être assez bien pour ses parents ? Je ne saurais jamais si c'est vrai, mais j'ai envie de tracer ma propre route. Et si Camille ne veut pas de moi, moi je veux de cet enfant.

Je refuse que plus tard il déteste un père absent. J'aimerais le voir grandir, jouer, être là pour ses premiers pas et ses premières chutes.

Cette idée m'a fait tout lâcher, j'ai regardé l'heure au réveil : 3h. Rien à faire d'être au milieu de la nuit, je dois la voir pour tout lui dire. D'autant que, sorti de ma transe, je réalise qu'Elise a dû lui rendre visite. Mon sang ne fait qu'un tour, et je sors sans même faire attention au fait que j'ai de la peinture sur tous mes habits, sur les mains, peut-être même dans les cheveux. Je cours dans les rues, où l'on voit comme en plein jour, comme si j'avais le diable aux trousses, mais ce n'est que mon nombrilisme qui me poursuit. Pourquoi n'y ai-je pas pensé plus tôt ? Simplement parce que j'étais trop occupé à penser à moi.

Je cours toujours et je suis surpris par la taille de la lune, elle est énorme, gigantesque.

On dirait qu'elle a trop mangé.

Je ne peux pas la quitter des yeux. J'ai l'impression qu'elle essaie de communiquer, je voudrais qu'elle parle. Elle pourrait me dire, elle, si Camille va bien. Elle reste muette, pourtant. Et moi je cours.

Kristin

Rien, pas un mot. Pas de mail, pas de SMS. Rien. S'il avait lu mon appel à l'aide, mon frère aurait répondu. C'est une certitude.

En rentrant de l'hôpital, j'ai fait un détour par l'appartement de Baptiste. J'ai garé mon pot de yaourt un peu plus bas dans la rue.

Sauf que s'il m'évite et qu'il voit ma voiture, il ne m'ouvrira pas.

Seulement, je ne comprends pas vraiment pourquoi il refuserait. Réflexe de mes expériences passées. Lui me semble différent. J'ai donc décidé de m'ôter cette idée de la tête.

Dans la rue et jusqu'à devant son immeuble, j'ai espéré le croiser… rien. J'ai grimpé les quelques marches qui mènent à l'interphone, puis sonné, une fois, dix fois, sans foi, puis je me suis assise sur les marches. Les coudes sur les genoux j'ai regardé défiler les passants. Je ne sais pas vraiment combien de temps je suis restée assise. Je me suis demandé combien de fois il a foulé ce trottoir, s'il l'avait fait aujourd'hui. Sinon, quand pour la dernière fois ? Était-ce pour venir me voir ? Il n'y avait aucune réponse à tout cela, mais je n'arrivais pas à me décider à me lever, à retourner à ma voiture, à mon appartement.

Un monsieur qui marchait avec une canne et semblant avoir dans les quatre-vingts ans s'est arrêté à mon niveau.

— Vous avez l'air perdue

— Je ne le suis pas.

— Alors c'est que vous êtes malheureuse !

Il m'a tendu la main et je me suis levée.

— Donnez-moi donc le bras.

Je me suis exécutée.

— C'est un homme ?

J'ai acquiescé, je ne crois pas qu'il m'ait vu faire parce qu'il était concentré sur ses pieds.

— C'est un crétin !

— Je ne crois pas.

— Ah ? Alors pourquoi est-ce qu'un vieux croûton comme moi arrive à vous avoir à son bras à sa place ?

— Je suis inquiète pour lui, je crois qu'il lui est arrivé quelque chose.

Il s'est arrêté et m'a dévisagé. J'ai cru voir un éclair de douleur passer dans ses yeux. Peut-être me suis-je trompée ? Le blanc de ses yeux était jaunâtre et s'ils avaient dû être d'un bleu magnifique à une époque, leur couleur avait tourné, ses pupilles n'étaient plus tout à fait noires. Je crois bien que cela s'appelle la cataracte. Il a repris tranquillement sa marche.

— J'étais marié, vous savez. J'ai été un goujat de première, mais je l'aimais. J'espère que votre ami n'est pas un goujat.

— Moi aussi. Moi aussi…

Je lui ai souhaité bonne route et l'ai laissé repartir. J'ai repris le volant de ma 500 jusqu'à chez moi. J'ai bien essayé de manger, de dormir, en vain.

La pendule du salon affiche trois heures. Mon appartement est baigné de lumière alors que seul mon ordinateur est allumé. La lune est pleine cette nuit. Elle est belle, immense. Je la regarde et me demande si mon frère et mon petit ami la voient aussi.

Solveig

— Des tas de choses t'échappent !

Mon pied s'écrase sur le frein et ma voiture pique du nez tandis que son arrière-train hésite entre rester sur la chaussée ou non.

La voix vient de derrière moi, et je l'ai entendue il y a moins de deux heures, dans mon cauchemar. Je n'ose pas me retourner. Mes mains tremblent. Une hallucination ? J'ai beaucoup bu, mais peut-être pas à ce point.

— Tu devrais te garer sur le bas-côté, c'est dangereux, là.

— Qui... qui... comment ?

— Gare-toi.

Je m'exécute, fébrile. Une fois que c'est fait, je ferme les yeux.

— Tu es partie ?

— Non.

Merde.

Si la peur a été ma première réaction, je sens une colère grondante s'insinuer dans mes veines, tout mon corps et ma tête. Je coupe le moteur, prends les clefs, mon carnet et ouvre ma portière violemment. Je suis sûre que c'est elle, les petits mots écrits. J'ai rêvé d'elle juste avant.

Bon sang, j'ai écrit sur elle, aussi... Non, c'est impossible. Rien n'est réel.

Face à moi, de l'autre côté de la route, des vignes s'étendent à perte de vue. Sur le côté droit de la voiture, un bois. Je dois devenir complètement dingue à cause de toutes ces histoires.

Note à moi-même : Ne plus jamais boire autant, seule.

Un silence pesant règne. Aucun véhicule n'a circulé depuis que j'ai pilé. Il fait un peu frais, mais j'ai bon espoir que ça me remette les idées en place. La portière arrière gauche s'ouvre derrière moi et j'ose enfin faire face.

Mes poings se serrent, je déglutis violemment.

— Qu'est-ce que tu fous là ? Et comment, d'ailleurs ?

— Je n'en sais rien, Solveig.

Ma mère me dévisage et tente de s'approcher, mais je recule.

— Tu es un fantôme ? Une hallucination ?

— Je ne sais pas. Je suis là, c'est tout.

— Eh bien, va-t'en.

Elle se tait, semblant blessée par mes propos. Comme si on pouvait blesser son imagination.

— Je ne peux pas.

Aucun son ne franchit mes lèvres.

— Tu as quel âge maintenant ?

— Vingt-sept.

— Tu n'as pas tellement changé en dix ans.

— Tu comptes discuter avec moi comme le feraient deux vieilles copines qui se sont quittées en bons termes il y a dix ans ?

Ma mère baisse les yeux.

— Je n'ai pas été la mère dont tu aurais eu besoin…

— Et bien au moins, tu en as conscience ! C'est bien !

— Et ton père ?

— Même morte, tu t'intéresses encore à ce fumier.

Je soupire puis ajoute :

— Il est toujours à la maison, je ne l'ai pas vu depuis environ sept ans. On s'envoie une carte aux anniversaires et à Noël. Ça doit lui filer l'impression d'être un père. Lui filer un peu de discussion pour le bar.

— Il n'a pas toujours été comme ça.

— Pour moi, si.

Elle incline la tête.

— Je me souviens de ta naissance comme si c'était hier. Nous aurions dû être heureux. Ton père, tu sais, a toujours connu la violence, il ne sait pas faire autrement. Il a essayé de faire des efforts.

— En te cognant dessus, en me cognant dessus. Sacrés efforts. Et toi, c'est quoi ton excuse pour être restée, et m'avoir laissé avec lui ?

— Je l'aimais. Il m'a offert une merveilleuse petite fille, et puis il m'a sortie d'une situation bien pire.

— Je ne vois pas ce qui peut être pire.

— Moi si.

— Ramassis de conneries. Tu as toujours été trop faible, trop lâche. Et vous m'avez bousillée.

— Pourquoi tu dis ça ?

Des larmes se mettent à couler malgré moi, je pense que c'est sous l'effet de la colère.

— Je ne tiens pas debout, je suis bancale, usée avant l'âge, incapable d'être vraiment heureuse. Et je vis constamment dans ce passé dégueulasse que vous m'avez créé.

— Pourtant tu as toujours été forte, solide, courageuse…

— Va-t'en ! hurlé-je.

— Solveig…

À l'intérieur de moi, des flots de pensées se mélangent. Se déchaîne un océan en pleine tempête dont les vagues s'éclatent sur des falaises de rochers qui ne semblent plus pouvoir tenir le choc. Je prends instinctivement le chemin du bois. Je marche vite, pour fuir cette discussion avec un fantôme.

Baptiste

Comme Erick avant moi, il m'est désormais impossible de bouger, je me demande quand, à son image, je vais perdre la possibilité de parler. Elise tourne comme un lion en cage devant nous, gaspillant ses forces pour rien.

— Arrête ! lui ordonné-je.

— Je ne comprends rien, ça m'énerve…

« Ça m'énerve », retentit l'écho.

— Tu as entendu ça ? questionné-je El'.

— Ça quoi ?

— L'écho, c'est la première fois depuis que je suis là qu'il y en a un.

— Je n'ai pas entendu.

Je ferme les yeux et alors que je ne devrais voir que du noir, des images prennent forme. J'ai l'impression d'avoir un casque de réalité virtuelle, un film se déroule sur la toile de mes paupières. Quand je les ouvre, Elise est devant moi.

Je m'immerge dans les images, elles ne m'appartiennent pas, ce n'est pas un souvenir, en tout cas pas un des miens.

Une jeune femme ? une adolescente ? À bien y regarder, il s'agit de Solveig qui s'agite dans un salon. La pièce est petite et mal éclairée. Ses joues sont baignées de larmes. Je détaille la pièce, une pile de tenues d'étudiante aide-soignante est posée sur une table en mélaminé. Une seule et unique chaise est glissée dessous. Des papiers traînent à droite à gauche. Un petit bar sépare la pièce et une kitchenette débordant de vaisselle non faite la décore. Elle doit avoir 18 ans, être en plein dans ses études, sa mère est morte il n'y a pas si longtemps. Elle déambule tout en pleurant, les joues et les yeux rougis.

Tout à coup elle se met à crier, un hurlement de douleur comme je n'en ai jamais entendu. Les blouses se retrouvent au sol, les assiettes encore sales se retrouvent écrasées contre un mur et la chaise les rejoint. Tout y passe, elle détruit tout puis se laisse tomber au sol. Brisée.

— Baptiste!

La voix d'Elise me tire de cet instant de voyeurisme dans les souvenirs de ma meilleure amie.

— Qu'est-ce qu'il t'arrive, tu pleures? m'enquiers-je. Je suis sûre qu'on va s'en sortir, tu sais.

— Ce n'est pas ça.

— D'accord.

Camille

3 h 38

Je m'y reprends à deux fois avant d'être sûre de l'heure. Quelqu'un s'acharne sur l'interphone. Je peine à me lever, j'ai dû m'endormir il y a une heure, d'épuisement. J'étais trop mal, je tournais et retournais dans mon lit.

— Ouvre-moi.

Je reconnais la voix de Simon et d'un geste incontrôlé, appuie sur le bouton qui déverrouille la porte. Je regrette aussitôt - enfin pas vraiment –, tout est embrouillé. Quand je lui ai annoncé le fait qu'il allait être père, sa réaction – ou son absence - m'a mis un sacré coup. Et même si j'aimerais être heureuse de le savoir là, je ne suis pas sûre que ce soit une bonne idée que l'on se voit. Une part de moi est en colère parce qu'il a pris les devants en en parlant à Elise. Même si je sais que c'est injuste. J'aurais pu, j'aurais dû le faire avant, moi-même. Assumer.

Pourtant il est là et il cogne contre la porte comme un damné.

— Tu devrais faire demi-tour.

— Non.

— Je suis fatiguée et pas présentable.

— Laisse-moi entrer, s'il te plaît.

Sa voix est plus grave qu'à l'accoutumée.

— Tu as parlé à Elise.

— Écoute, on ne va pas parler de ça chacun d'un côté de cette foutue porte. Ouvre.

J'hésite. Retourne la situation dans tous les sens, en tout cas autant que mon esprit embrumé me le permet puis me dit qu'il n'a pas tort. J'actionne la clenche et reste au milieu du passage.

— Tu as parlé à Elise.

Son regard s'attarde dans le mien.

— Je suis désolé, je n'ai pas réfléchi.

Je me décale d'un pas afin de le laisser passer.

— Tu aurais dû.

— Il fallait que je lui dise qu'elle et moi ne sommes plus un couple.

— Tu ne lui as pas dit que cela.

— Non, je lui ai aussi dit pour le bébé, je ne pouvais pas mentir, c'était au-dessus de mes forces. Je voudrais être le père de cet enfant.

— Eh bien, tu l'es déjà !

— Je veux dire que je voudrais être là pour lui, pour toi…

— Ah.

Je n'ai pas mieux comme réponse et bien trop peur pour m'avancer, bien trop mal au cœur à cause de cette histoire. Ah, c'est bien. Je fuis toute notion de responsabilité dans ce qu'il peut interpréter de cette onomatopée.

— Je suis fatiguée, Simon.

— Je t'aime.

— Pardon ?

— Je t'aime.

Il me regarde avec toute la tendresse du monde. J'aurais

souhaité qu'il prononce ces mots plus tôt. Pas forcé par l'annonce de ma grossesse. Mon cœur, désarmé, succombe à ces quelques mots malgré tout. Moi aussi je l'aime. Pourtant cette déclaration ne me rend pas aussi heureuse qu'elle le devrait, et plus fort, je suis encore mal. J'ai notre bébé dans mon ventre. Je suis amoureuse de Simon, et contre toute attente, lui aussi.

Pourtant tout cela sonne comme un roman à l'eau de rose qui va dégénérer. D'une, parce qu'on ne sait pas où est Elise, et ensuite, parce que cette histoire commence d'une façon complètement malsaine. Je ne peux pas me laisser aller et je pense que c'est plutôt normal. Ma conscience de petite fille bien élevée m'alerte, tout cela sent le roussi depuis le début. Je voudrais mettre un coup de pied aux fesses de ma conscience et me jeter dans ses bras. Oh oui, je voudrais me blottir contre lui.

— On parlera de ça plus tard. Pour l'instant, Elise est dehors, je ne sais où, parce que tu as jugé que c'était à toi de lui parler de nous, tout seul dans ton coin.

— Je n'ai pas réalisé... Ça m'a paru être ce qu'il fallait faire, puis quand j'ai compris les conséquences que mon explication pouvait avoir... Enfin, regarde-moi ! Je ne suis pas un habitué des footings nocturnes.

Il a de la peinture un peu partout sur lui, je ris. Un rire mêlé de larmes. Ma main se perd dans ses cheveux, il ferme les yeux. Je nous sens à notre place, peut-être titubants, mais à notre place. C'est comme une évidence inespérée. Douce. Mon cœur s'emballe.

— Trouve Elise.

— D'accord.

Il approche sa main qui prend la direction de mon ventre. Il s'interrompt dans son mouvement.

— Je peux ?

Instinctivement, je pose la mienne dessus.

— Bien sûr que tu peux.

Un sourire discret éclaire son visage.

Il prend son temps, concentré sur mon ventre légèrement arrondi, puis dépose un baiser rapide sur mon front et sort comme il est entré, quant à moi, je retourne me coucher. Terrifiée. Aimée.

Elise

Des larmes glissent sur le visage de Baptiste. Nous étions si proches et maintenant, je ne saurais pas dire ce qui peut le faire pleurer. Je me trouve ridicule de ma réaction par rapport à son couple.

— Tu es heureux avec Kristin ?

— Je suis bien avec elle.

— Tu le mérites.

— Je le sais. Et toi Elise, tu es heureuse ?

Et voilà que je me mets à sangloter.

— Qu'est-ce qu'il y a ?

Je reste silencieuse.

— Parle-moi ! On s'entendait bien, avant.

Un soupir m'échappe, il a raison, nous étions les deux parties d'une même pièce. Le pile et le face.

— C'était il y a longtemps, pensé-je à voix haute.

Je m'éloigne un peu et m'assieds sur le sol cotonneux. Apparaît devant moi l'image de Solveig sur son canapé, enveloppée d'un plaid. Elle semble absente de son corps. Je vois du mouvement derrière elle, une silhouette d'homme. C'est Baptiste. Il raccroche son téléphone. Elle lui adresse quelques mots que je ne parviens pas à comprendre, il l'embrasse et s'en va. Elle ne bouge pas, ne cille pas. Erwann vient de mourir.

Les minutes s'égrènent, rien ne bouge, mais je sens sa

douleur se fondre en moi. Elle s'insinue par tous mes pores. C'est un tsunami d'angoisse, de peur, de solitude, de peine. Je n'arrive pas à tout identifier, ça me cloue au sol et j'ai la sensation que je vais me noyer dedans.

Solveig

J'ai beaucoup trop bu. De là à perdre la tête... Il y avait ce type au bar. Si ça se trouve, il m'a collé du GHB dans mon verre ou je ne sais quelle drogue faisant dérailler. Je ne ralentis pas pour autant le pas. La lune a beau être démesurément grande cette nuit, les bois deviennent tellement denses que je n'y vois plus grand-chose. Je m'enfonce dedans comme si j'avais le diable aux trousses. Le Diable. Je perds les pédales. Depuis quand est ce que je me mets à croire à ces bêtises ?

Mon pied bute sur un caillou, je sens ma cheville gauche prendre une position inhabituelle, puis mon genou décide de l'imiter.

La chute est rude, mais elle a le don de me faire reprendre mes esprits. D'arrêter la folie qui m'a prise de filer au milieu des arbres sans rien n'y voir. J'attrape mon téléphone dans ma poche, il n'y a aucun réseau ici. J'active la lampe torche. La vue de mon genou me confirme que je me suis égratignée, jusque-là, rien de trop grave. Tout semble revenu dans l'axe, je mobilise mes articulations, j'ai mal. Pour autant, ça bouge. Je replace mon téléphone et tente de me lever. C'est douloureux, cela ne doit être qu'une petite entorse... ou deux.

— Tu es tombée ?

— Tu es encore là ?

— Où veux-tu que je sois ?

— Au cimetière.

— Tu as besoin d'aide ?

— Ça va, je suis une grande fille.

J'entreprends de marcher, claudiquant en direction de ma voiture. Ce ne serait pas le tout de faire une nouvelle chute et bourrée ou droguée comme je suis de passer l'arme à gauche au milieu de nulle part.

— Tu fais l'enfant.

— Qu'est-ce que tu me chantes ?

— Regarde-toi, tu as mal, mais tu fais la fière et refuse mon aide.

— C'est sûr que je n'ai qu'à faire comme si cette hallucination était réelle et tout ira mieux.

— Je suis vraiment là !

— Tu es vraiment morte.

— Aussi.

Je souffle et reprends ma progression.

— Ce n'est pas parce que quelque chose échappe à ta compréhension que c'est faux.

— C'est vrai, je n'ai jamais compris ce que tu fichais avec mon enfoiré de père et pourtant c'était bien réel.

— Je sais que tu m'en veux, que tu nous en veux. Franchement, on a une chance inouïe toutes les deux de nous revoir et tu vas continuer à me faire tomber une pluie de reproches sur la tête ?

— Une chance ? Je n'ai rien demandé, moi. Rien !

— Et bien moi, je m'estime chanceuse.

— Tu as dû t'estimer heureuse aussi le jour où tu as épousé papa.

— Tu es rongée par la colère.

— La faute à qui ? LA FAUTE A QUI ? hurlé-je.

Elle s'arrête, je le sais, car je n'entends plus le bruit de ses pas. J'avance encore un peu, puis quand je juge être assez loin, m'adosse derrière un arbre. J'ignore l'écorce qui me griffe le dos. Ma jambe gauche me fait souffrir, et même si je pensais ne plus avoir une seule larme dans le corps, de nouveaux sanglots viennent me prouver le contraire. Bien sûr qu'elle a raison, je lui en veux. Je la déteste.

Simon

Elle m'a demandé de retrouver Elise, ou plutôt exigé. Soit. J'essaie de l'appeler, elle ne décroche pas. J'ai un appel en absence de So'. Elle non plus ne répond pas.

Je me demande où El' s'est rendue. Je doute qu'elle soit rentrée chez nous en pleine nuit, tractant sa valise. La seule personne chez qui elle a pu aller, c'est Baptiste. Ce n'est pas très loin et c'est un de nos meilleurs amis.

Je tente de le joindre. À nouveau, le même scénario, un répondeur. Je décide donc de passer chez lui, et me résigne au bout d'un quart d'heure d'appuis prolongés sur la sonnette. S'ensuit une des plus longues heures de ma vie. Je rentre chez moi, personne. Je me creuse les méninges, nous avons un double de la maison de Solveig. Elle a peut-être voulu s'isoler. Je ne remets pas la main sur le trousseau alors je m'y rends, mais trouve porte close. A priori pas de trace d'Elise. Je repars en direction de l'appartement de Camille ponctuant mes déambulations d'appels qui restent sans réponses. Si mon cerveau ne comprend pas ce qu'il se passe, mon ventre lui me fait de plus en plus mal.

J'ai un mauvais pressentiment.

Je scrute chaque ruelle et repère un hôtel. Une étincelle d'espoir s'allume en moi, jusqu'à ce que la réceptionniste me dise ne l'avoir ni accueillie ni vue dehors. Pourtant je soupçonne cette nana d'avoir passé plus de temps devant la porte à fumer que derrière son comptoir. Et Elise, on la voit de loin.

Je suis presque chez Cam lorsque je l'aperçois. La valise

d'Elise gît sur le sol, la poignée étirée de tout son long. On dirait une baleine échouée en bord de plage. Je fonce à côté d'elle.

— Elise ! hurlé-je à pleins poumons.

Je regarde tout autour de moi, mais rien. Elle n'a pourtant pas pu se volatiliser ! Alors je me mets à faire des trucs stupides, regarder derrière les poubelles, les arbres. Sous un banc. Je continue à m'époumoner.

Rien à part une vieille qui ouvre sa fenêtre pour me dire de la fermer.

Elise a disparu.

Que fait-on quand quelqu'un a disparu ?

Je pense à Solveig et tente à nouveau de l'appeler. Cette voix mécanique commence à me faire péter les plombs. Je ne peux même pas retourner chez Camille. Elle est épuisée, enceinte, je ne vais pas aggraver les choses.

J'attrape la valise d'Elise et me dirige vers le commissariat le plus proche.

Solveig

Toujours pas de réseau.

— Saleté.

Plus ça va, plus mon pied gauche racle sur le sol. Je dois rejoindre au plus vite ma voiture. Je me maudis intérieurement à chaque pas. Après avoir pleuré tout mon soûl derrière l'arbre, je me suis remise en marche. La laissant derrière moi.

— Tu devrais lui parler.

Je sursaute et ferme les yeux. C'est un cauchemar. Je me mords l'intérieur de la joue, me pince violemment.

— Non, tu ne rêves pas. Regarde-moi.

— Je ne veux pas, j'ai trop bu, je crois. Ou on m'a droguée.

— Et tu comptes rester les yeux fermés jusqu'à ce que je disparaisse ?

— C'est une bonne idée. J'ai ma dose de fantômes.

— C'est toi qui nous as fait venir, je te signale.

— Ça ne va pas, non ?

J'ouvre les yeux pour faire face à Erwann.

— Tu n'es qu'un cauchemar, depuis que tu es mort tu es tout le temps dans ma tête.

— Je ne suis pas un cauchemar. Sois un peu sympa.

— Tu me hantes parce que ne suis pas allée à ton enterrement. Mais je ne pouvais pas voir tes parents.

— C'est censé être sympa, ça ?

— Je m'en suis voulu de la façon dont on s'est séparé.

— Ah, et plus maintenant ?

Je prends le temps de l'observer. J'ai oublié à quel point il était beau. Le son de sa voix. La douceur de son regard.

— Tu as couché avec Elise ! Tu as sauté ma meilleure amie !

Il ouvre la bouche dans une expression de surprise.

— Quoi ? Tu croyais qu'elle ne dirait rien ?

— Ça ne servait à rien.

— Pourtant ça change tout.

— Tu m'as quitté. Il est arrivé ce qui est arrivé. Ça ne te regarde pas.

— Oui, tu as raison. Donc tu peux retourner voir les petits anges.

— Ta mère a raison, tu es dévorée par la colère.

— Ah et qu'est-ce que je devrais faire ? Hein ?

— Peut-être que tu devrais juste accepter les choses comme elles sont.

— Je n'ai pas d'autre choix que les accepter.

— Si. La preuve ! Tu rejettes tout, tu te victimises. Tout le monde t'a fait du mal. Pauvre petite.

— Connard !

— Oh, Solveig, nous sommes tous tellement désolés d'avoir une vie qui ne tourne pas autour de toi !

— Arrête de t'approcher ! Tais-toi !

— Non parce que moi je n'ai pas souffert. C'est vrai, quoi ! La nana avec qui je pensais faire ma vie m'annonce que je suis un boulet dans la sienne et qu'elle ne veut plus de moi. Je me retrouve à ne presque plus voir mes amis. Non, vraiment, Solveig est une grande malheureuse écorchée par la vie. Je vais pleurer !

— Fous-moi la paix !

Je me mets à courir malgré la douleur. J'entends son rire qui résonne contre les troncs, dans ma tête, dans mes os. J'ai la sensation que les arbres se referment sur moi. Que la forêt au lieu de s'éclaircir à l'approche de la voiture, s'épaissit. Je devrais déjà être au volant depuis le temps que j'essaie de la rejoindre. Je m'arrête et lance l'application GPS. Celle-ci ne fonctionne pas non plus.

La peur s'insinue en moi. Je suis perdue dans une forêt, jambe bousillée, en compagnie de gens morts qui sont décidés à me faire la morale. Un frisson parcourt ma colonne vertébrale.

— LAISSEZ-MOI PARTIR ! crié-je.

— C'est à toi de nous laisser partir, répond ma mère.

— Comment ?

— Je n'en sais rien moi. Je suis juste là et ce n'est pas de mon fait. Ne te méprends pas, ça me rend heureuse.

— Moi aussi je voudrais être heureuse. Je ne demande que ça d'être heureuse. Pourtant rien n'y fait.

— Et tu penses que les autres sont responsables, mais on ne vit pas à ta place, Solveig.

— Non et heureusement. Par contre, tes erreurs m'ont construite, forgée de travers.

— C'est à toi de choisir d'être heureuse. Fais les choix dont tu as envie pour ta vie.

— Pour l'instant, je fais celui de sortir d'ici.

— Tu ne comprends vraiment rien, dit Erwann qui a à nouveau fait son apparition.

— À quoi ?

— Nous avons beau te parler, tu n'entends pas, alors débrouille-toi. C'est bien ce que tu souhaites, non ? Être indépendante, autonome, vivre comme tu l'entends. Débrouille-toi.

Il s'assied sur un tronc posé au sol, la tête entre ses mains.

Je ne sais pas si tout ça est réel. Est-il un fantôme qui souhaite se venger, me faire du mal ? Face à lui je suis démunie. Et au fond je sais qu'il n'a pas tort.

— Tu aurais au moins pu venir à mon enterrement, ajoute-t-il.

— Je sais.

Je culpabilise de ne pas m'y être rendue, d'être celle qui a fusillé notre couple, de n'avoir fait que le blesser juste avant sa mort. Puis il apparaît si fragile devant moi. Seulement, je me sens incapable de lui dire tout ça.

— Tu as changé du jour au lendemain…

— Non, j'ai évolué, et ça a pris du temps. Tu bossais tout le temps et n'étais jamais auprès de moi. Tu n'as pas remarqué, c'est tout.

— Je t'aimais.

— Moi aussi. Seulement mes sentiments ont changé. Tu me manques, tu sais.

— Je ne t'en veux pas, So'.

— Moi si, je m'en veux.

— Pourtant il n'y a pas de raison, au vu de la situation tu as pris la meilleure décision et tu ne m'as pas tué. Je suis mort, c'est tout.

— Je suis désolée, tellement désolée.

— Arrête.

Il se met debout et me serre dans ses bras, sa tête se pose sur le sommet de la mienne. On croirait que c'est réel. Que le temps s'est arrêté. Un sentiment étrange s'insinue en moi. Doux, apaisant. Je me sens en paix, avec lui, avec moi.

Simon

La valise d'Elise et moi nous retrouvons devant chez Cam. Les flics ont pris ma déposition, j'ai parlé de la disparition d'Erick, le type a regardé dans ses dossiers, et cela a pris des lustres. Il a tapé chaque mot que je prononçais, m'a fait relire, signer. Ils m'ont dit qu'ils allaient ouvrir une enquête. De rentrer me reposer. Je suppose que j'aurais pu, peut-être dû.

Camille me regarde. Son si beau visage est marqué, stigmate d'une nuit sans sommeil. D'une inquiétude grandissante.

Je la prends dans mes bras, elle se laisse aller. Elle n'a sûrement pas la force de me repousser. Je suis un profiteur, j'aime sentir son corps contre le mien.

Je la soulève et l'amène jusqu'à son lit. L'allonge.

— Dors, je suis là.

Je la recouvre.

— Reste.

Elle me fait signe de m'installer à côté d'elle. Je quitte mes chaussures et la rejoins sous la couverture, mon bras gauche trouve sa place sous sa nuque, le droit autour de sa taille.

Solveig

— Tu devrais profiter de la revoir, me conseille Erwann. C'est une chance unique.

— Tu sais dans quel état tu m'as ramassée.

— Il y avait ton enfance, mais il y avait aussi ce type-là, Jérémy.

— Oui.

— Je sais que tu as vécu l'enfer. Pourtant j'ai toujours admiré que tu aies pu le traverser, en te battant. Tu as peut-être évolué, comme tu dis. Pourtant je n'ai plus l'impression que tu te battes. Tu ne devrais pas perdre ça, regarde-toi, tu n'es plus que des larmes et de la colère alors que j'ai connu une fille souriante, vivante, heureuse ! Un petit soleil rayonnant et fort.

— J'ai l'impression de ne plus savoir faire. De me noyer. J'enchaîne les cauchemars. Quand je t'ai quitté, j'ai détruit le plancher qui me tenait debout.

— Tu n'as jamais eu besoin de moi pour vivre, tu peux avancer sans personne. Tu en es capable. J'étais juste à tes côtés. Et j'aimais ça, me dit Erwann.

— Moi aussi, j'aimais ça.

Il relâche son étreinte, pose une dernière fois un baiser sur mon front et recule dans l'obscurité. On croirait qu'il est avalé par les branches. Dévoré par ces bois qui m'emprisonnent.

Peut-être que pour sortir de là il faut que je lui parle à elle aussi. Peut-être qu'elle s'en ira et que je pourrai retourner à ma vie, chercher Baptiste, chercher Erick. Retourner dans un monde réel où tous ceux à qui je tiens disparaissent alors qu'ici les disparus reviennent. Je regarde le calepin que je tiens toujours dans ma main et suis stupéfaite. Les disparus et les revenants sur lesquels j'ai écrit dans *The White Side* ! C'est le seul lien que je vois à tout ça.

— Maman ? appelé-je.

Le silence me répond. J'avance sur un chemin au hasard.

— Maman ?

« Maman, maman, maman ».

L'écho de ma voix me fait sursauter. Je presse le pas tout en continuant à essayer de faire revenir une morte que j'ai fuie il y a quelques dizaines de minutes. Je crois que je suis cinglée.

Tout à coup, ma cheville gauche rend définitivement l'âme aidée par ce qui me semble être un parterre d'épines. Je chute et tente de me rattraper, mais c'est un rocher branlant qui m'entraîne. Ma tête cogne quelque chose de dur.

Un son incontrôlé sort de ma bouche, un cri animal.

Je ne maîtrise plus rien. La pente que je dévale est abrupte. Je me heurte à des troncs, des rochers. Je n'arrive à me raccrocher à rien, mon corps ne répond plus. Mes pensées m'échappent. La dernière chose que j'entends est la voix de ma mère qui hurle.

— Solveig !

Je ne sais combien de temps je suis restée inconsciente. Je suis à plat dos au fond d'un ravin. Enfin je suppose que je suis dans un ravin, vu la chute. Je palpe mon corps à l'aveuglette, remue mes jambes – elles bougent ! Mes bras de même. Respirer ne me fait pas mal. Je ne devrais sûrement pas bouger de là, attendre les secours. Seulement, j'ai bien peur qu'aucun ne vienne me chercher là où je suis. Je prends donc le risque et roule sur le côté, passe à quatre pattes, puis debout.

— Eh ? Ça va ? Sacrée chute, hein ?!

Je cherche qui m'a parlé et ne vois personne.

— Qui est là ?

Un ricanement vient de tout près, je cherche dans l'obscurité.

— Ah tu tiens debout, mais tu n'y vois pas clair !

Impossible de savoir qui me parle. Quelque chose me chatouille la nuque, je me tourne et l'arbre devant moi… se tord de rire.

Je recule sans le quitter des yeux. Dès que je suis assez loin, je me retourne. Il fait plus clair, les feuillages sont moins denses et la lune me permet de savoir où je mets les pieds.

— Ne cours pas si vite ! Tu vas tomber à nouveau !

Foutu résineux.

Un passage devant moi fait de roche et de terre forme un escalier. En l'empruntant, je dois pouvoir sortir de ce trou. Je grimpe sans effort et après quelques minutes me retrouve en haut. J'y vois comme en plein jour. Ce sera plus facile pour rejoindre ma voiture. Je me rassure comme je peux en me disant que c'est bientôt fini.

Je n'ai toujours pas de réseau ni aucun moyen de me diriger. Je roulais du sud vers le nord, j'ai pris à droite de la voiture, vers l'est, donc. Je vais essayer d'aller vers l'ouest. J'observe les arbres autour de moi, la mousse m'indique le nord. Me voilà partie dans une direction sortie d'un raisonnement à la mords-moi le nœud. Si je retrouve ma caisse, je m'inscris chez les scouts. Ça au moins, c'est rationnel. Ce n'est pas comme parler à des morts ou à des arbres ni penser que tout ça est la faute d'un carnet. Faudra que je me renseigne sur ce qui se donne comme drogue pour abuser des filles dans les bars. Si j'ai un problème de conscience un de ces quatre, je n'aurais qu'à en prendre.

Mon nez me démange, il se met à couler. Je palpe les poches de mon jean. Heureusement pour moi en plus d'un téléphone qui ne me sert à rien j'ai un paquet de mouchoirs. Ça m'évite de devoir arracher des pages de *The White Side*. Je m'en mets un dessous le nez, car j'ai l'impression de me transformer en Chutes du Niagara. Je m'essuie et jette un œil. Je jure en m'apercevant que du sang l'a complètement imbibé. J'en prends un autre et me compresse les narines en gardant la tête en avant. Ça ne m'arrive jamais. C'est ma première épistaxis. Il faut une première fois à tout.

Si mes autres premières fois pouvaient se passer ailleurs qu'ici !

Le temps que ça s'arrête, je repense à celles dont je me rappelle – de premières fois. Franchement, il n'y a que seul dans une forêt qu'on se met à repenser à ce genre de choses, peut-être aussi quand on a trop bu et qu'on les raconte à un inconnu accoudé à un bar.

Le premier baiser, la première rupture. Je pleurais tellement fort que ma mère m'a fait descendre de ma chambre et installée à la table de la cuisine. Elle m'a donné un chocolat chaud, et même si elle ne savait pas pourquoi je pleurais – et que je ne lui aurais jamais avoué la raison non plus – elle est restée à côté de moi à me frotter le dos jusqu'à ce que cessent mes sanglots.

Par moments, nous étions si proches.

Les saignements s'arrêtent enfin.

Une voix féminine me parvient. On dirait qu'elle force contre quelque chose, ou qu'elle tape.

— Maman ?

Un brouillard épais envahit le sentier si bien qu'en quelques secondes c'est une purée de pois si dense que je ne distingue plus mes doigts. Cela me rappelle quelque chose, quelque part. Je ne sais pas quoi ni où. Ça ne veut pas revenir, je l'ai au bord des lèvres, sur le bout de la langue. Ça ne vient pas.

— Putaaaaiiinnnnn !

Cette voix, je la reconnais. Sans problème.

— Elise ?

— Solveig ?

— T'es où ?

— Dans le brouillard.

Question bête, réponse bête.

— Continue de parler pour que je puisse te rejoindre, lui dis-je.

— OK… Je parle… je... parle.

Et moi j'avance, si bien que sa voix se rapproche. Le sol

n'est plus comme dans la forêt alors que j'y suis encore. Il est mou, rebondit un peu. Je ne trouve rien pour me barrer le passage, ni par terre ni à ma hauteur. Ce n'est pas du luxe. Mes bras tendus devant moi balaient le vide au cas où.

— Ma chérie ?

— Je suis toujours là, mais je n'y vois rien, lui expliqué-je.

— Je sais ! Moi non plus. Quand je pouvais bouger, j'ai essayé de trouver la sortie et j'ai juste trouvé ce brouillard partout, confirme-t-elle

— Tu ne peux plus bouger ?

— Non, je n'y arrive plus, j'ai beau forcer..., sanglote Elise.

— Comment as-tu atterri ici ? poursuis-je en essayant de me repérer au son de sa voix.

Elle n'est pas loin seulement à chaque fois que je pense être près d'elle – cela échappe à ma compréhension, elle s'éloigne.

— Je ne sais pas, j'étais chez Cam', je t'ai appelée en sortant et me suis assise sur un trottoir en pleurant. J'étais complètement paumée, il me semble que je me suis levée en me disant que j'allais aller voir chez Baptiste, c'est flou. J'ai dû m'endormir puis je t'ai vue, je sais que cela parait fou, mais j'ai assisté à un de tes souvenirs. Baptiste est là, il est coincé, ne peut plus parler. Et... Solveig, j'ai vu Erick. Mais il est dans les gaz.

— Tu es sûre de ça ? demandé-je

— Je ne suis même pas sûre d'être ici, j'ai même l'impression de t'avoir déjà vue plus tôt.

Je m'arrête. Moi aussi je l'ai déjà vue, Baptiste et Erick aussi… dans cette saleté de cauchemar.

— Erick était inconscient, réfléchis-je à haute voix.

— Oui, je crois et je pense que Baptiste n'est pas loin de lâcher... et... So', c'est moi la prochaine... je vais crever ici…

— Non, je suis là, je suis là.

Je tente de la rassurer comme je peux, mais franchement je

suis pitoyable. Admettons que l'on soit dans mon cauchemar, si j'essayais simplement de me réveiller ? Pourtant je ne dors pas, j'en suis sûre…

Une quinte de toux me surprend. Elle me terrasse. Je tombe à genoux et mets ma main devant la bouche. Encore du sang, toujours du sang, qui se répand sur le sol à chaque fois un peu plus, maculant ce gris blanc monochrome qui m'entoure.

— Qu'est-ce qui t'arrive ? Ça va ? s'inquiète-t-elle

Cela cesse. Je respire à nouveau. Je m'essuie comme je peux avec ma manche et campe sur mes jambes.

— Ouais, ouais, ça va aller, la rassuré-je.

Mes mains rouges se distinguent mieux.

— Je crois que je te vois, So'.

Je tourne la tête dans tous les sens, ça y est moi aussi je la repère. Je cours auprès d'elle.

— Comment je fais... je..

— Je n'en sais rien, je crois que c'est toi qui as la clé. Aide-moi ! m'ordonne Elise.

Elle fait mine de bouger, en fait elle se débat contre une force invisible pour se mouvoir, vide ses forces pour rien. Je m'approche dans l'espoir de pouvoir la décoincer, ou la porter. Et si ça ne fonctionne pas, je ferai appel à ma créativité…

— Arrête de forcer !

— Ma Louloute, je suis tellement désolée.

— Pour Erwann ? m'étonné-je

— Excuse-moi, ma chérie, pour tout.

— Ne t'inquiète pas, la vie continue, la tranquillisé-je.

Je pense chacun de ces mots.

Je regarde mon carnet et une idée me saute au visage. Et s'il était en plus du dénominateur commun, la clé pour que nous sortions de ce cauchemar ?

Je pourrais faire ce que j'ai toujours fait avec, m'y confier entre ses pages, mais je n'ai rien pour écrire. Je tourne en rond.

M'arrête une seconde. Mes souvenirs de secourisme refont surface. Quand on fait un garrot et qu'on n'a rien pour noter, on nous dit qu'il faut prendre le sang de la victime et écrire l'heure de pose de celui-ci sur son front.

Et du sang, j'en ai à disposition sur moi-même. Je me palpe le visage, mais rien. Après tout ce que la toux m'a fait cracher, je découvre dépitée que je n'en ai plus la moindre goutte.

Je fais quelques pas en arrière à la recherche de la flaque que j'ai dû laisser.

Crac

Un bout de bois se brise sous mon pied droit. Je vais essayer autre chose. Je le ramasse, ouvre le carnet et écrit « Elise » en gravant les mots sur le papier. J'espère que sans encre, cela fonctionnera.

— Toujours là ? questionné-je sans même lever les yeux du carnet.

— Oui.

J'ajoute sur le carnet : « Je te pardonne ».

— Solveig, je ne me sens pas bien, j'ai la tête qui tourne.

Je m'approche à nouveau de mon amie et n'arrive pas bien à définir si ma vue se brouille ou si c'est son corps qui devient flou. Je ne tarde cependant pas à avoir ma réponse car elle disparaît sous mon regard.

Je hurle son prénom, mais pas de réponse. Un silence pesant m'étourdit presque, seulement je dois en faire fi pour trouver Baptiste. Je repense à mon cauchemar et me dirige vers là où il doit être, il s'y trouve bien, les yeux semi-clos. Je vacille un peu, me sentant étrange, comme s'il me manquait quelque chose. Je me sens apaisée. Tellement que cela me parait irréel, que cela me donne une sensation de malaise.

Je m'assieds devant lui et avec mon petit bout de bois et grave « Baptiste, je t'aime. » À son tour, il s'évanouit dans la brume.

Enfin, je trouve Erick. Je me sens heureuse, soulagée. Comme me l'a dit El', il est dans les vapes. Sa respiration est lente, mais bien présente. Je suis saisie d'un doute. Et si je faisais une connerie en écrivant encore dans ce carnet qui les a déjà envoyés ici. Après évaluation de mes autres options – inexistantes – je note « Erick, revient ». Il n'est plus devant moi.

Mes jambes sont en coton. Le sol se rapproche, ou peut-être est-ce mon corps qui le rejoint. J'ai froid, ma vue se brouille. Un bourdonnement dans mes oreilles m'assourdit.

Je vois du noir avec quelques points blancs.

Puis, rien que du noir.

Plus que du noir.

Baptiste

Un mal de tête me compresse le crâne. Le soleil m'éblouit. Des formes se dessinent devant mes yeux. Qu'est-ce que je fiche allongé au sol ?

— T'en as mis du temps à émerger !

Elise est au-dessus de moi, avec un homme.

Je me frotte les yeux.

— Erick ? deviné-je.

— Oui, me confirme-t-il.

— On vient d'appeler les secours, m'annonce El'.

— Pourquoi ?

— Solveig…

Je m'assieds à l'aide de la main qu'Erick me tend. Solveig est allongée au sol, du sang plein la figure et un carnet à la main. Elle respire. Je regarde autour de nous, elle a dû dévaler la pente qui se dresse devant moi.

Il y a beaucoup d'arbres, des pins. Dans les forêts proches

de chez nous, ce sont plutôt des chênes.

J'ai beau chercher, je ne sais pas ce que nous faisons tous là. Il me semble que plus je fouille ma mémoire, plus la douleur dans ma boîte crânienne est intense.

— Qu'est-ce qu'on fiche ici ?

— Nous comptions sur toi pour éclairer notre lanterne, rétorque Erick.

— D'accord…

Je frotte ma tête entre mes mains – peut être dans l'espoir qu'elles aient le pouvoir de remettre mes neurones en marche.

— La dernière chose dont je me souviens, c'est un appel de Solveig pour me dire que Kristin t'attendait et qu'elle s'inquiétait, m'explique Elise, l'air absent.

Enfin quand elle réfléchit elle a toujours cette mimique.

— Je devais rejoindre Kristin… Le téléphone, le….

— Tu devais rejoindre Kristin ? Ma sœur ?

— Oui. Il va falloir qu'on parle, mais plus tard.

Erick reste muet quelques secondes, avant d'annoncer :

— Je l'ai appelée après les secours, elle est rassurée pour un temps.

— Je veux lui parler.

Le frère de Kristin lève un sourcil, mais me tend un portable.

— Et toi, tu te souviens de quoi ?

Le grand blond baisse les yeux.

— De pas grand-chose.

22 MAI 2019

Solveig

« Elle a de la chance, le body-scanner ne montre rien de dramatique. »

« En même temps, qu'est-ce qu'ils fichaient tous en pleine forêt ? »

« Probablement la fête. Son alcoolémie est légèrement positive, on peut supposer qu'elle l'était bien davantage il y a quelques heures. »

On fait la causette au-dessus de moi, je comprends des bribes de conversations. À nouveau on parle de moi, alors que je suis là. Pourtant il m'est impossible de pester, de dire à ces deux voix féminines d'arrêter. D'autant que je ne les reconnais pas. Et si j'essayais d'ouvrir les yeux, peut-être cela m'aiderait-il ?

Seulement c'est trop dur. Je crois que je vais plutôt me rendormir.

Je me sens bien, détendue, tout s'efface, même moi.

**

Bip. Bip. Bip.

Je me redresse sur mon lit.

Mon tour, je n'ai pas fait mon tour.

Solveig, essaie de te souvenir, dans quelle chambre y a-t-il un scope ? L'alarme de celui-ci se déclenche, je tente de me lever pour aller voir. Impossible, des fils m'entravent.

Je parviens tout de même à me mettre sur mes deux jambes. Mes oreilles sifflent, ma vue s'obscurcit. Je me sens de mieux en mieux, en coton.

**

J'alterne entre phases de réveil et temps où je retourne en rêve dans cette forêt, dans ce brouillard. Trop compliqué pour moi de savoir où se trouve la réalité. Une partie de moi veut croire qu'elle peut retrouver Erwann et ma mère. L'autre se raccroche à la douleur intense qui me traverse l'épaule pour ne pas perdre pied.

23 MAI 2019

Solveig

Je suis dans un lit d'hôpital. Découverte miraculeuse du matin.

Je ne suis pas dans une forêt étrange. Je ne suis pas non plus en train de dormir au travail.

Mes pensées semblent s'éclaircir.

À côté de moi, sur un fauteuil, un grand blond est endormi. Serait-ce Erick ? Je tends le cou difficilement afin de mieux voir.

Si ce n'est lui, c'est donc son frère…

Je me laisse glisser à nouveau sur mon oreiller essayant de rassembler mes souvenirs pour comprendre quelque chose.

— Tu es réveillée ? Comment te sens-tu ?

Il se penche au-dessus de moi pour actionner la sonnette.

— Je ne sais pas trop, je n'arrive pas à faire le tri entre la réalité et… Comment ai-je atterri ici ?

— Les secouristes nous ont extraits de la forêt dans laquelle nous étions avec Elise et Baptiste.

Alors je n'ai pas déliré nous y étions vraiment.

— Tu peux me dire ce qu'il s'est passé ?

— Eh bien, en fait je comptais sur toi pour m'en dire un peu plus, car aucun de tes deux amis ni moi n'avons de souvenir de ce que nous faisions là.

Ils ne savent pas, c'est peut-être mieux comme ça. Je reste

interdite un moment, seulement je ne sais pas quoi répondre.

Je ferme les yeux et fais non de la tête, parce que je veux juste que ça s'arrête, et que je ne me sens pas assez forte pour affronter cette folie. Par contre *The White Side* me revient en tête et je n'ai aucun doute sur sa responsabilité dans cette histoire. Il me le faut.

— Mes affaires…, soufflé-je.

— Elles ont été placées dans un coffre à ton arrivée aux urgences.

Je suis à demi soulagée, il va me falloir le récupérer et vite, je n'ai aucune envie que quelqu'un lise son contenu et voudrais aussi le mettre en sécurité, histoire qu'aucun de nous ne se remette à la randonnée nocturne.

27 MAI 2019

Solveig

Mon corps entier me fait souffrir. La chute a été rude, mais l'état comateux dans lequel elle m'a plongé m'a permis d'aller récupérer tout le monde. Je fais glisser ma main sous les draps. *The White Side* est bien là. Tant que je ne suis pas sortie de l'hôpital, j'ai peur de l'égarer et que ce cauchemar devienne à nouveau notre réalité.

On frappe à la porte.

— Oui ?

Erick passe sa tête dans l'embrasure. Je me tortille pour essayer de me rendre plus à mon avantage – douloureusement et inutilement. Je ne parviens qu'à gémir. Il se précipite vers moi.

— Ça va ?

— Oui, ne t'inquiète pas, le rassuré-je. Et toi ?

Il incline la tête. Depuis que je suis hospitalisée, il me rend visite tous les jours. Nous avons parlé de sa disparition.

Ce n'est pas vraiment son genre de déserter comme il l'a fait, mais il n'a pas supporté la pression. En sortant de chez L.V., il n'a pas compris ce qui lui arrivait. Cela faisait des semaines que ce dossier lui pourrissait la vie. Il savait à quoi s'attendre en résistant à tout ce chantage pour remplir le rapport positivement. Trop d'argent est en jeu, et il rend les hommes fous. Leur ôte leur morale. Lui ne pouvait se résoudre à ranger sa conscience dans sa poche pour avoir les deux pleines.

Seulement avant cela il y avait eu une autre entreprise, un autre rapport et encore avant cela aussi. Des heures le nez dans des dossiers où Erick s'efforçait de faire le travail qui lui incombait le plus en accord possible avec lui-même, là où d'autres s'évertuaient à ne vouloir qu'un compte rendu leur permettant leur retour sur investissement. Ses collègues ne se prenaient pas autant la tête. Mais le poids de l'éducation – gagner sa vie honnêtement et à la sueur de son front – faisait son œuvre. Puis il n'était pas à plaindre, il était en vie, n'avait pas de maladie auto-immune pour la lui pourrir. Il serrait les dents, avançait. Les semaines précédant le rendez-vous chez L.V., la seule bouffée d'oxygène qu'il s'autorisait étaient mes messages.

Il s'est trouvé seul devant l'entreprise à la suite du rendez-vous et l'idée de se mettre sous les roues d'une voiture s'est emparée de lui. Il ne sait pas trop ce qui l'a empêché de le faire, il a préféré se retrancher dans un gîte qu'il a loué à la volée.

Quelques soirs plus tard, il a été pris d'un malaise et est revenu à lui dans cette forêt avec Elise et Baptiste.

Nous parlons souvent de nos vies. De sa famille, de la mienne. Nous nous appuyons l'un sur l'autre, nous autorisant à exhiber nos failles, nos blessures pour mieux cicatriser. Il y a des rencontres qui bouleversent une vie.

Mais si quelque chose a changé, c'est en moi. Depuis que je suis sortie de cette forêt, je ne me sens plus en colère.

Je désire regarder devant moi. Je me suis tournée vers l'avenir.

— Tu as un mois pour sortir d'ici, m'annonce Erick.

— Ah oui ? Et pour quelle raison ?

Il dégaine deux billets de derrière son dos.

— Nous devons aller à ce superbe festival de blues !

Le brouillard semble si loin. Pourtant une petite voix dans ma tête me murmure que tout ça n'est pas vraiment fini.

8 NOVEMBRE 2019

Kristin

L'automne est déjà bien avancé, on pourrait se croire en hiver. Des feuilles mortes virevoltent dehors. Un frisson s'empare de moi alors que nous sommes bien au chaud. Je serre la main de Baptiste – sûrement un peu trop fort par instants, car il la fait bouger de plus en plus. Je relâche un peu la pression.

— Merci !

J'ai beau rationaliser, les événements du printemps dernier m'ont marqué au fer rouge. Nous n'avons pas vraiment d'explication sur ce qu'il s'est passé, et je suis terrifiée à l'idée que cela se produise à nouveau.

Mon frère trouve d'ailleurs que je l'appelle trop. Il faut bien que je vérifie qu'il ne se soit pas à nouveau volatilisé ! Solveig a tenté de me rassurer, elle dit qu'elle sait que ça n'arrivera plus. Cela ne me suffit pas, mais je n'ai pas mieux. Je profite donc tant que faire se peut de Baptiste.

Cet été, il m'a invité à l'accompagner visiter sa famille. Solveig m'a aidée à préparer cette escapade et j'ai pu bénéficier de mes soins sur place. Sa famille est pleine de joie de vivre. Cela faisait tellement longtemps que je n'avais pas vécu cela. C'était effrayant et doux à la fois. Je sais que pour Baptiste ces vacances étaient d'une importance particulière, j'espère qu'il en a remarqué celle que ces moments ont eu pour moi.

Il dépose un baiser sur ma tempe comme s'il pouvait percevoir ce qu'il se passe dans ma tête.

Erick observe discrètement Solveig. Dans quelques mois se tiendra le procès de L.V. Construction et je sais qu'elle le soutien. Peu à peu, son regard et son visage reprennent vie. Il s'anime, il redevient la personne que je connais, mon frère et mon meilleur ami.

Solveig

Les cauchemars ont cessé. Je suis retournée dans la forêt avec *The White Side*. Erick voulait m'accompagner, pourtant il fallait que je sois seule. À l'abri des pins, j'ai cherché ma mère et ne l'ai pas trouvée. J'ai pris mon temps, arpenté ces bois dans lesquels j'ai perdu un bout de moi pour en retrouver un autre. Puis j'ai parlé, comme si elle pouvait m'entendre. Je me suis assise sur une pierre et je lui ai lu une lettre que j'ai écrite pendant mon séjour à l'hôpital. Une lettre dans laquelle je m'excuse de mon comportement et la remercie de m'avoir donné sa force et son amour. Une lettre dans laquelle je la pardonne, je nous pardonne.

Depuis, je me sens sereine. Je croyais que pour être heureuse il fallait que les choses bougent autour de moi alors qu'elles devaient changer en moi. Je n'ai jamais été si apaisée que depuis que j'ai pardonné, aux autres, à moi-même. Je m'autorise à être heureuse. Enfin.

En rentrant chez moi, j'ai brûlé *The White Side*. Il est parti en poussière dans l'évier de la cuisine. Même si cette expérience nous a tous changés, je ne voulais pas prendre le risque que cela se produise à nouveau. J'espère que cela suffira, de toute façon je ne vois pas ce que j'aurais pu faire d'autre.

Erick fait glisser la paume de sa main sur ma cuisse. Il en

a bavé, notamment lors des auditions pour le procès, mais il a su tenir bon.

Là, dans cette salle d'attente, le synopsis d'une nouvelle histoire se dessine dans ma tête. Un roman entre imaginaire et réalité. J'ai même une idée de titre : *Perfect night* en hommage à Lou Reed.

Simon fait enfin son entrée dans la pièce, me tirant de ma contemplation des arbres orangés qui perdent leurs feuilles et changent l'asphalte du parking de l'hôpital en tapis douillet. Il porte sur la tête une charlotte, et a une expression déconfite. On croirait qu'il va distribuer la portion de frites surgelées de la cantine du coin. Kristin, Baptiste et Erick se lèvent en même temps que moi.

Simon arbore à présent un sourire qui illumine son visage.

— Elle s'appelle Elena... et elle est magnifique. Comme sa mère.

Je me jette dans ses bras pour le féliciter et malgré moi une larme coule le long de ma joue. Une larme de bonheur.

5 DECEMBRE 2019

Elise

Je regarde le soleil se coucher bercée par le bruit des vagues qui m'apaise et l'odeur salée me rappelle que je ne suis plus chez moi. Le vent souffle, comme toujours ici agitant mes cheveux.

Après m'être assurée que mon amie allait s'en sortir, j'ai voulu prendre le large. Je suis partie, seule, voir le monde. Abandonnant derrière moi ma mèche rose.

Je n'ai pas souvent pris l'avion dans ma vie. Ce n'est pas faute d'avoir voulu partir, ce n'était pourtant jamais le moment. J'ai besoin de réponses, car je ne comprends toujours pas ce qu'il s'est passé. La police nous a interrogés puis a fait des tonnes de prélèvements. Le fait que nous ayons tous été retrouvés au même endroit peut laisser penser à un enlèvement. Simon et Camille nous ont bombardés de questions. Je n'ai ni réponse ni souvenir. Je sens bien que Solveig a plus d'éléments que nous, mais elle se refuse à en dire quoi que ce soit.

De mon côté, à force de chercher des témoignages sur internet, je suis enfin tombée sur un article daté d'il y a trois jours :

«Affaire des quatre disparus de Wellington : amnésie ou loi du silence ?

Depuis qu'ils ont été retrouvés errants dans le George Denton

Park, le 2 décembre, Chelsea, Juliette, Angus et Calum restent muets.

Leurs disparitions s'échelonnant tous les deux jours à partir du 18 novembre ont fait grand bruit. La police scientifique n'a trouvé aucun élément permettant d'élucider ce mystère.

Lors de leurs auditions, les quatre amis ont évoqué une sensation de malaise et expliquent avoir repris connaissance dans le parc.

Angus Page, trente et un ans, est le seul à avoir été hospitalisé suite à des blessures physiques dont il dit n'avoir aucun souvenir.

L'expert psychiatre mandaté émet l'hypothèse d'une psychose partagée. »

Me voilà donc arrivée, bousculée par le vent, dans une ville qui ne ressemble à rien de ce que je connais, mais je suis excitée par ce voyage. Je veux rencontrer cet Angus. Comme Solveig il a été blessé et quelque chose me dit que c'est lui qui en saura le plus.

**

J'entre dans le *Wellington Times*, le journal qui a publié l'article que j'ai trouvé. Mon anglais n'est pas trop rouillé. La preuve, je réussis à obtenir un entretien avec la journaliste qui l'a rédigé.

Quelques minutes plus tard, la jeune auteure vient me retrouver et m'accompagne devant une machine à café.

— Veuillez m'excuser, je n'ai pas de bureau qui ferme, c'est ici que nous serons le plus tranquilles.

— Pas de problème, merci beaucoup de m'accueillir !

— Au téléphone vous avez expliqué que cette affaire est assez similaire à des faits ayant eu lieu en France ?

— Si je vous raconte, vous me donneriez le moyen de contacter Angus Page ? tenté-je.

La journaliste prend un temps de réflexion et me tend la main.

— Vous me dites tout ce que vous savez et j'en fais de même, me dit-elle.

Ce marché me semble correct, je lui serre donc la main pour le sceller.

Je lui raconte notre histoire, celle de notre disparition en tout cas. Cette impression de malaise, de n'avoir ouvert les yeux que quelques minutes plus tard alors qu'il me manque plusieurs heures – pour Erick et Baptiste plusieurs jours. Toutes ces questions qui se bousculent et ce besoin de savoir. La sensation de folie qui a suivi, les blessures de Solveig. Je garde pourtant pour moi les doutes que j'ai quant au fait qu'elle puisse nous cacher des éléments. Ce n'est qu'une supposition et elle m'appartient.

Elle prend des notes tout en m'écoutant patiemment, puis pose son stylo.

— Alors ce serait vrai, commente-t-elle, pensive.

J'attends qu'elle assimile les événements et me retiens de lui lancer un : « C'est ton tour, cocotte. »

Elle me donne un petit bout de feuille déchiré.

— Très bien Elise, tout d'abord voici l'adresse d'Angus, mais je vais être honnête, lui et les autres disparus ont été harcelés par la presse chaque jour depuis qu'ils sont réapparus. Il y a peu de chance que vous réussissiez à l'approcher. En tout cas, votre témoignage est identique aux leurs, sauf pour la chronologie et les lieux, évidemment. Voilà. Je n'ai pas mieux.

— C'est tout ? m'exclamé-je, avec la nette impression de m'être fait flouer.

— Presque.

J'attends qu'elle poursuive. Cette fille est une professionnelle du *cliffhanger.*

— Hier, un homme est venu me voir, il voulait aussi avoir plus d'informations et rencontrer Angus. D'ailleurs, pourquoi tous les deux vous focalisez-vous sur lui ?

— Le marché était clair, je devais vous dire tout ce que je sais. J'ai respecté ma part.

La jeune journaliste se lance dans une fouille minutieuse du contenu de son sac à main.

— Moui. Enfin, ce Martin... je ne sais plus comment, j'ai sa carte quelque part, était très pressé. Il n'arrêtait pas de répéter qu'il devait trouver Angus avant qu'il soit trop tard. Je l'ai trouvé vraiment étrange alors j'ai menti en lui faisant croire que je n'avais pas cette information.

Elle s'interrompt dans ses recherches, se met à rire et ajoute :

— Comme s'il était possible qu'elle ne soit pas en ma possession.

Me tendant une carte, la jeune femme m'intime que je pourrais le contacter pour en savoir plus. Sur l'instant, elle l'a pris pour un marginal, mais à présent elle a un doute. Seulement l'affaire du siècle l'attend – un scoop incroyable concernant le maire – et elle n'a plus de temps à consacrer aux disparus. Alors elle me donne ses coordonnées à la condition que si j'en découvre plus, je vienne lui en faire part. Ce que j'accepte, tout en sachant que je ne le ferai pas.

Je suis vraiment intriguée par le discours de ce Martin, c'est ainsi que je décide qu'il est le premier que je vais contacter.

J'ai l'impression que je vais enfin connaître la raison de mon trou de mémoire, de mes insomnies. Cela me met dans un état étonnant. Je me demande ce que je vais apprendre, et suis prête à tout entendre. Tout. Un test des services secrets.

Une nouvelle drogue expérimentale. De l'eau contaminée…

Après un bref échange téléphonique, nous nous fixons rendez-vous dans un café.

Adossée au mur jouxtant l'entrée, je scrute les passants et me demande lequel me rejoindra pour me saluer. Dix minutes après moi, il arrive, une veste noire jetée sur l'épaule, une chemise retroussée sur ses avant-bras et une mallette à la main. Je doute de son identité jusqu'à ce qu'il s'approche.

Le contact avec ce Martin est facile, il dégage une certaine assurance ou peut être de la sérénité. Nous nous installons et passons commande. Je m'attendais à un vieux fou farfelu, il n'en est rien. Martin ne doit même pas avoir quarante ans et il paraît, aux premiers abords, plutôt rationnel. Il se demande comment j'ai pu avoir son numéro alors à nouveau je narre le malaise, l'amnésie, le voyage et fini par l'échange avec la journaliste. Le jeune homme m'écoute sans m'interrompre, fermant les yeux par instants. Une fois mon récit achevé, il semble me sonder, me regarde intensément puis prend à son tour la parole :

— Il y a cinq ans, c'est moi qui étais à ta place. Ma vie partait dans tous les sens, ma copine venait de me quitter… Enfin, je ne vais pas m'étaler sur le sujet. J'avais un groupe d'amis plutôt soudé, du moins c'est ce que je croyais. Un soir, alors que j'étais assis sur mon canapé, je me suis retrouvé au milieu du Bois du Loup. Mon meilleur ami, Tom, gisait au sol, salement amoché, et Rita, une amie à nous, se trouvait là aussi. J'avais disparu pendant deux jours et ma mémoire me faisait défaut. Aucune explication ne nous était donnée. Certaines personnes nous prenaient pour des fous, d'autres pour des menteurs. C'était vraiment une sale période. Ça a impacté ma vie professionnelle, ma vie personnelle, mon moral. Ça a été la dégringolade, alors que si je me fiais à mes souvenirs, rien ne s'était passé. Pour ne pas donner raison à ceux qui me disaient déjà dingue, j'ai voulu trouver des réponses. Comme aucune des hypothèses rationnelles n'aboutissait, je me suis questionné sur celles qui ne l'étaient pas. Et je me souvenais de Tom, qui la veille de mon malaise, m'avait dit qu'il faisait des cauchemars de plus en plus souvent. Ce qui m'a interpellé, c'est leur contenu. La vie n'a pas été tendre avec mon ami, il est orphelin et a vécu plusieurs deuils rapprochés. Ses nuits étaient peuplées du retour des personnes qu'il avait perdues où elles le tourmentaient. Je commençais à échafauder une histoire de fantômes vengeurs et…

— Effectivement, ce n'est pas rationnel, interviens-je.

— Oui, mais cela m'a permis de retourner interroger Tom, et lui m'a donné toutes les clés. Enfin presque.

— Alors, dis-moi !

— J'y viens, reprend Martin. Un après-midi, alors qu'il était sorti s'aérer la tête, il s'est installé sur un banc. À côté de lui était posé comme s'il l'attendait, un carnet vierge. Il n'y avait pas de signe d'appartenance à quelqu'un alors il l'a pris. Il m'a expliqué s'être mis les jours suivants à voir sa sœur et son ex – toutes deux décédées – dans des cauchemars qui lui prenaient toute son énergie. À chaque fois, le carnet était présent. Il l'avait rangé dans sa table de chevet et régulièrement le tiroir était ouvert. Une fumée blanche s'en serait même échappée, une fois.

Plus ça allait, plus Tom se sentait mal. Il a commencé à ressentir le besoin de tenir un journal intime dans le carnet. Un soir il a écrit sur moi, la nuit j'ai fait une incursion dans son cauchemar, le lendemain je disparaissais. Ça aurait pu être un hasard, seulement pour Rita, ça a recommencé.

— Tom me fait penser à Solveig, pensé-je à haute voix, et ce carnet dont tu me parles, je n'y avais pas prêté attention, mais ça y est.

Dans ma tête se succèdent des images. Solveig qui prend des notes au sujet de la disparition d'Erick dans un vieux cahier alors que je suis passée la voir pour obtenir des explications. Le réveil dans la forêt, mon amie le serrant contre elle.

— Ça ne m'étonne pas. Ce qui s'est passé ensuite, mon ami a refusé de m'en parler, mais il m'a répété des dizaines de fois qu'il n'y avait qu'un responsable, et qu'il s'agissait de ce petit calepin qu'il s'était empressé d'aller brûler à sa sortie de l'hôpital. Il se disait plus serein depuis cette histoire, mais ne voulait pas prendre le risque que cela se reproduise.

— Comment un carnet pourrait être responsable ? Ce n'est qu'un vulgaire objet !

— C'est là que tu te trompes, Elise. Comme toi, j'ai voulu avoir des réponses. J'ai cherché sur internet, dans la presse, dans les bibliothèques. Et je suis tombé sur un blog d'une femme qui écrivait son histoire. Elle parlait d'un carnet qui l'avait entraînée du côté blanc – c'est comme cela qu'elle l'a appelé à cause de la fumée, du brouillard qui était partout – et lui avait permis de faire les deuils qu'elle n'avait jamais pu faire.

Je l'ai contactée. Elle m'a expliqué avoir trouvé un carnet et s'y être confiée dedans. Ses amis se sont mis à disparaître les uns après les autres et elle a communiqué avec ses proches qui étaient décédés. Une nuit, comme par magie, elle s'est trouvée du côté blanc, y a retrouvé ses amis, et la paix.

— Je ne suis pas très branchée religion, magie ou je ne sais quoi, l'interromps-je.

— Moi non plus, pourtant j'ai fait lire ce témoignage à Tom qui s'est effondré dans mes bras en me confirmant qu'il avait vécu la même situation.

Je suis dubitative. Solveig aurait-elle vécu la même chose ?

— Pourquoi es-tu là alors, si tu as tes réponses ?

demandé-je.

— Quand j'ai su quoi chercher, j'ai trouvé des dizaines de témoignages. Des messages sur des forums, des articles de magazines. Je dois t'expliquer comment cela fonctionne. Le carnet trouve un propriétaire, s'ensuivent cauchemars et disparitions, et son auteur finit par le brûler. Le même schéma se reproduit pendant un an, puis il disparaît pendant quatre ans. Quand il réapparaît, c'est pour relancer ce cercle infernal. Le monde est vaste et il est difficile de savoir depuis quand cela dure. En tout cas, je pense que si on arrête de le détruire par le feu, il ne pourra plus faire vivre ces choses. Et j'avoue que j'aimerais le faire expertiser.

— Bien. Je te propose que nous allions voir Angus.

— Je ne sais pas comment le joindre.

— Moi si ! annoncé-je, un peu fière de moi.

Je porte le thé que j'ai commandé plus tôt à mes lèvres, mais le repose aussitôt. Il est froid.

J'étais prête à tout entendre, sauf cela. Dépassée. Perdue. Et un peu contaminée par l'excitation flagrante de Martin tout se mélange. Pourtant c'est aussi comme si un nouvel horizon se dessinait.

**

Un bus-tram jaune me passe à côté. La rue est bordée d'immeubles, anciens, récents. Les briques rouges encadrent l'enduit blanc et les buildings entièrement vitrés. Je suis émerveillée. Nous sommes un après-midi de décembre, il fait très bon – comme une fin de printemps en France et le soleil est de la partie –, je ne vais pas m'en plaindre. Moi qui déteste le froid, commence à envisager passer mes hivers ici.

— Qu'est-ce qui t'a décidée à partir chercher des réponses ? me questionne Martin.

— Eh bien comme toi, le besoin de savoir.

— Ce n'est pas la seule raison. Je ne me serais pas lancé à sillonner le monde uniquement pour cela. Le téléphone, Skype, ou les mails existent.

— Oui, réponds-je simplement.

— Alors ? insiste-t-il.

— Celui qui était encore mon compagnon il y a peu vient d'avoir une petite fille avec ma meilleure amie.

— D'accord.

Nous finissons notre trajet en silence jusqu'à l'adresse que la journaliste m'a donnée. J'ai un pincement au cœur à chaque fois que je pense à Simon et fais au mieux pour avancer dans ma vie sans me retourner. Je sonne à l'interphone, personne ne nous parle ni ne nous ouvre. Nous insistons, en vain.

— Que fait-on ? m'enquiers-je.

Martin m'indique un banc sur lequel nous nous installons. Il sort son téléphone de sa poche et me montre la photo d'un homme visiblement sortie d'un réseau social.

— Je te présente Angus Page. Et je te propose que nous l'attendions confortablement installés ici.

— Ça tombe bien, j'ai un peu de temps devant moi, acquiescé-je.

— Et je suis d'une exquise compagnie !

— Pas sûre, je me méfie un peu, la demoiselle du *Wellington Times* ne te portait pas en haute estime, coco.

— Depuis cette histoire, je me suis assis sur l'idée de renvoyer l'image d'un homme bien sous tous rapports.

Martin rend l'attente bien plus sympathique que je ne l'aurais imaginé.

— Tu ne m'as presque pas pris pour un fou, toi, ajoute-t-il.

— Presque.

Il rit, moi aussi.

La porte de l'immeuble s'ouvre et un homme ressemblant

à la photo en sort. Nous nous précipitons sur lui.

— Angus, attendez, crié-je.

— Foutez-moi la paix !

— Nous ne sommes pas journalistes, lance Martin.

— Vous dites tous ça, nous rembarre le jeune homme en accélérant le pas alors que nous sommes sur ses talons.

— Nous voulons juste parler du carnet, tenté-je.

L'homme s'immobilise, mais ne se retourne pas pour autant.

— Comment êtes-vous au courant ? demande-t-il.

— Parce qu'au printemps dernier, j'ai disparu, réponds-je simplement. Depuis je ne me souviens de rien.

Angus se retourne pour nous faire face, il serre de ses deux mains la bandoulière de son sac.

— Suivez-moi.

Nous lui emboîtons le pas jusqu'à son appartement. Il nous invite à nous asseoir autour de sa table à manger. À nouveau, mais cette fois-ci à deux avec Martin, nous revenons sur notre expérience et ce que nous savons.

Il nous écoute attentivement et nous apprend qu'il est celui qui a écrit dans le carnet. Les coudes en appui sur la table et la tête entre ses mains, Angus s'effondre. Il est secoué de sanglots. Je ne sais comment réagir. La Elise que j'étais se serait jetée sur lui pour le prendre dans ses bras, celle que je suis maintenant n'arrive qu'à poser une main sur son épaule.

Tout à coup, il se lève et va chercher le sac qu'il portait en bandoulière lorsque nous l'avons interpellé. Il en extirpe un carnet.

— J'allais dans le parc, je pensais le brûler ensuite.

Martin écarquille les yeux, la bouche, il ne pourrait probablement pas paraître plus surpris. J'imagine toutes ces années d'attente, de recherche et enfin, il a l'objet de ses enquêtes sous les yeux.

Pour ma part, je dégaine mon téléphone pour le prendre en photo.

— Je peux? demande-t-il en approchant doucement ses doigts du petit cahier.

Sur sa couverture, nous pouvons lire : *The White Side.*

Le côté blanc.

— Bien sûr, valide Angus avant de poser sa main dessus. Attendez, je voudrais vérifier quelque chose avant, se rétracte-t-il.

Il se saisit du carnet et se dirige vers une pièce qui me semble être la cuisine.

— Ça y est, j'y suis... nous y sommes, me dit Martin avec émotion.

— C'est quoi cette odeur? m'inquiété-je.

— Non, non, non! s'écrie Martin alors que nous déboulons dans la cuisine.

Des flammes s'élèvent de l'évier et Angus nous regarde, incrédule, un briquet à la main.

— Je suis désolé, je ne voulais pas...

20 DECEMBRE 2019

Elise

Je me rends dans un café pour rejoindre Martin, il m'a appelé aux aurores, car il a fait une découverte qu'il voulait impérativement partager avec moi. L'avantage du fait qu'il soit si tôt est qu'un jus noir bien serré m'est servi à la vitesse de l'éclair, vu que pour une fois il n'y a pas foule. L'inconvénient est que je suis épuisée.

Je me tourne et retourne les méninges toutes les nuits, pensant à Solveig qui savait forcément. Me demandant si le carnet a le temps de faire à nouveau une apparition d'ici la fin de l'année. Ne comprenant pas encore tous les tenants et les aboutissants.

Je remarque que Martin subit aussi la fatigue quand il me rejoint à table.

— Encore une nuit difficile ? lui lancé-je

— La question serait plutôt quand ai-je vraiment dormi pour la dernière fois !

— Tu voulais me parler de quelque chose ?

— Oui, j'ai étendu mes recherches, parce que jusqu'à présent je me suis contenté de cibler les disparitions multiples suivies de réapparitions plusieurs jours plus tard avec amnésie.

— C'est déjà pas mal et j'ai fait comme toi.

— Oui, pourtant grâce à nos échanges, je me suis souvenu qu'au-delà du fait de vouloir retrouver le carnet, je voulais aussi retracer son parcours pour mieux le comprendre.

— Je t'écoute.

— J'ai trouvé un avis de recherche émis en juillet 2009, en Espagne, puis un témoignage sur internet d'une jeune femme, Laura, qui parle de ce qu'il s'est passé.

Je reste silencieuse, attendant qu'il me parle de sa découverte.

— Elle raconte la disparition de plusieurs de ses amis. Aucun d'eux n'a été retrouvé.

— Oui, enfin nous avons tous deux épluché le Net et des disparitions, malheureusement, il y en a plein et sans rapport avec le carnet.

— Sauf que là, elle relate le mal-être de son ami et fait état de l'existence d'un carnet dans lequel il retranscrivait ses maux. Elle parle notamment de son changement soudain de comportement, de son irritabilité et enfin de ses proches disparus à tour de rôle jusqu'à lui en dernier. L'enquête de police a conclu qu'il devait probablement s'agir de meurtres puis d'un suicide, mais comme il n'y a pas de corps… Regarde.

Martin dépose devant moi des feuilles imprimées sur lesquelles je me penche.

— Tu crois qu'on pourrait ne carrément jamais réapparaître ? l'interrogé-je.

— Oui, c'est ce que j'en déduis.

— Mais c'est horrible !

— Pire que ce que je pensais. Il va vraiment falloir que nous arrivions à le récupérer.

— Je voudrais parler avec cette Laura. Qu'est-ce qui fait la différence entre le fait de rester coincé du côté blanc et d'en sortir ?

Martin acquiesce silencieusement et sort son téléphone. Il tape longuement dessus puis m'explique :

— J'ai trouvé une adresse mail qui devait servir à recueillir les témoignages de ceux qui avaient des informations au moment des faits. Nous n'avons plus qu'à croiser les doigts pour savoir si quelqu'un la consulte toujours.

— D'accord, en attendant, tu as une idée de ce que l'on fait ?

— Déjà nous pourrions prendre un deuxième café, puis nous pourrions poursuivre nos recherches sur d'autres disparitions définitives dans lesquelles il serait question d'un carnet.

— Va pour le café et tout le reste.

Martin s'extirpe de son fauteuil pour aller nous chercher notre carburant et revient quelques minutes plus tard. Une question me brûle les lèvres. Quand il m'a fait son récit par rapport au carnet et son meilleur ami, il a buté sur un sujet : sa séparation. Simple curiosité mal placée ou besoin d'en savoir plus, car nous sommes dans la même situation, je me lance. Et ses propos et ses ressentis résonnent en moi.

— Je sentais qu'elle s'éloignait, je crois pourtant que s'il y avait la moindre petite chance je l'aurais tentée. Seulement nous avions trop changé. J'ai choisi d'être heureux pour elle, et ça me fait un bien fou.

Ces quelques mots prennent toute leur importance. Être heureuse pour Simon, simplement parce que je l'aime. Je crois que je suis capable de faire ce choix-là, moi aussi.

24 DECEMBRE 2019

Elise

Je suis fauchée. J'avais quelques économies quand j'ai claqué la porte de ma vie en France, dorénavant, je n'ai plus de quoi tenir un mois. Un journal dans les mains, j'épluche les petites annonces.

Les autres années, je passais au moins une partie des fêtes avec mes parents, cette année ce ne sera pas le cas. Cela m'a finalement bien arrangée d'avoir le prétexte de l'argent. Je n'arrivais pas à me dire qu'il allait falloir que je reprenne une place, un rôle qui n'est plus le mien, et en plus sans Simon.

J'ai parcouru les brocantes et ai trouvé un cadeau parfait pour Martin. Quand je l'ai vu, je me suis dit que ce ne pouvait être qu'un présent de ma part pour lui. Nous avons prévu de partager un repas ce soir et j'ai hâte de lui offrir. Quelque part, le carnet nous a réunis, et m'a permis de tourner la page avec tout ce qui ne tournait plus rond dans ma vie. Et Martin s'est trouvé à côté de moi au bon moment.

C'est lui qui cuisine et m'invite dans l'appartement qu'il loue. Je me demande si je vais sortir de chez lui avec une intoxication alimentaire.

Il faut savoir vivre dangereusement.

Nous n'avons eu aucune réponse de Laura, l'Espagnole, et n'avons trouvé aucun autre moyen de la joindre. Martin et moi poursuivons donc chacun de notre côté les recherches et c'est un travail fastidieux. Je parviens désormais à taper ma requête sur internet en plusieurs langues.

**

J'ai enfilé une jolie robe, c'est plutôt sympathique de ne pas avoir à mettre trois pulls pour le réveillon de Noël. Ici, si j'ai bien compris, on ne fête Noël que le 25, je pense que Martin m'a un peu prise en pitié en m'offrant la possibilité de ne pas être seule ce soir. Wellington est plus que décorée et je me sens complètement décalée. Je traverse une ville qui s'apprête à donner le départ des grandes vacances et dont les habitants sont en train d'acheter des saucisses pour faire un barbecue de fête.

J'arrive chez mon hôte qui m'accueille avec un grand sourire.

— Tu es ravissante.

— Je te remercie, tu n'es pas mal non plus.

Un peu gêné, il se décale pour me laisser entrer.

Je m'installe en suivant ses indications sur un tabouret de bar, devant sa cuisine. Il m'offre une bière que j'accepte et s'en sert une aussi avant de me proposer :

— Je me disais, ça te plairait si nous allions à la plage demain ?

— Pourquoi pas.

— Chouette.

Je réponds par un sourire, nous n'avons jamais été aussi mal à l'aise l'un et l'autre. Preuve en est que nous sirotons notre verre dans un silence de cathédrale. Jusqu'à ce que j'y mette fin :

— Je me demandais, tu ne connaîtrais pas quelqu'un qui chercherait une serveuse, ou une fille pour faire la plonge ou des ménages ?

— Eh bien, là comme ça, je ne vois pas. Ceci dit, je peux tout de même demander.

— Merci.

— Tu faisais quoi en France ?

— Je travaillais dans l'administration.

— Tu sais qu'ici il y a le Parlement et…

— Je cherche un poste qui me permettra de vivre et que je pourrai quitter facilement, je ne vais pas rester ici des lustres, le coupé-je maladroitement.

— Ah, d'accord. Tu comptes rentrer chez toi dans peu de temps ?

— À vrai dire, je n'y ai pas vraiment réfléchi.

— OK.

Je ne sais pas si j'interprète de travers, mais il me semble déceler un brin de déception dans sa voix.

Martin a cuisiné des moules qui ont une drôle de couleur verte et quand je lui demande si elles ne seraient pas avariées, il éclate de rire. Visiblement, ici, les moules ont le droit d'avoir l'air radioactives en plus d'être énormes.

Moi qui m'inquiétais du repas, finalement me régale, d'autant qu'il s'achève sur une Pavlova.

Alors qu'il termine de débarrasser, je file chercher dans mon sac mon petit présent. Sur le moment son choix me paraissait une bonne idée, une référence à notre rencontre. Maintenant, je me dis qu'il va peut-être rire jaune.

Je lui tends le paquet rectangulaire, anxieuse. Il me remercie et défait le papier pour en extraire le vieux carnet que j'ai chiné. Un instant, le temps semble suspendu, je scrute son faciès pour connaître sa réaction. Il sourit. *Ouf.*

À son tour, il s'éclipse une minute et revient avec une enveloppe à la main.

— Joyeux Noël !

Je l'ouvre et en sors des papiers imprimés d'une boîte mail. Visiblement, Martin a échangé avec un certain Jérôme Anzieu. Je m'assieds pour lire la conversation. L'homme raconte son histoire – en tout cas celle de ses amis – et l'apparition du carnet dans la vie de son meilleur ami. Il livre un récit que nous ne connaissons que trop bien, sauf que personne n'est jamais réapparu. Je reviens plusieurs lignes en arrière et la seule dissemblance que je note avec les autres histoires est le fait que le détenteur du carnet était dans l'incapacité de pardonner, de faire son deuil. Les choses qu'il avait vécues étaient trop horribles et il était rongé par la haine, d'après ce Jérôme.

— Et si c'était ça… si ceux qui ne peuvent pas se sortir des sentiments négatifs étaient condamnés à rester du côté blanc ?

— Je pense que nous avons pas mal d'éléments et que nous pouvons élaborer une hypothèse, maintenant.

— Martin ?

— Oui ?

— Merci.

— De rien. Pour information, j'ai passé la photo que tu as prise du carnet à un ami qui a un programme de recherche par l'image.

13 FEVRIER 2020

Solveig

Devant la galerie où expose Simon ce soir, je trépigne d'impatience. Les choses ont bien changé en un an. Nos vies ne sont plus les mêmes, nous ne sommes plus les mêmes. Mais tous, nous sommes arrangés pour être là ce soir. Camille a évidemment fait garder Elena. Kristin et Baptiste sont là, Erick aussi, bien sûr, à mes côtés.

Le brouillard est derrière nous.

— Bonsoir ! entends-je dans mon dos.

Elise, le teint hâlé, sans mèche rose et souriante se tient devant nous.

Je n'ai eu que peu de nouvelles depuis son départ, juste de quoi savoir qu'elle était toujours en vie, il me semble avoir devant moi une fleur qui a éclos.

Elle resplendit.

Je la serre dans mes bras et nous échangeons quelques mots. Ensemble, nous entrons enfin pour découvrir les œuvres de notre ami. Il nous a prévenus qu'une œuvre majeure crée l'année dernière en était l'élément central. Nous ne sommes pas déçus, je réalise seulement maintenant l'ampleur de son talent. Chaque tableau me fait voyager.

Erick me laisse un instant et Elise me rejoint :

— Je peux te parler ?

— Bien sûr, El', de quoi ?

— De *The White Side*.

Je m'immobilise, parcourue par un frisson qui me glace le sang.

— Que, quoi ? bafouillé-je du bout des lèvres.

— Le carnet qui nous a amenés du côté blanc…

Elle s'interrompt, m'attrape par la main et m'entraîne à sa suite jusqu'à une chaise.

— Assieds-toi, tu es toute pâle.

Elle s'éclipse un instant et revient avec un verre d'eau.

— Comment es-tu au courant ? l'interrogé-je.

— J'ai cru que j'étais dingue, du fait de l'amnésie, et comme tu ne disais rien… Il a fallu que je trouve mes réponses moi-même. J'ai passé ces derniers mois à l'autre bout du monde pour comprendre ce qu'il nous était arrivé. Et ce sont de parfaits inconnus qui ont cherché avec moi. Vous étiez ma famille, et… Enfin peu importe, le passé est le passé.

Des larmes commencent à m'échapper.

— Comment aurais-je pu trouver les mots justes pour vous dire ce qu'il s'est produit ? J'y ai pensé sans cesse, retourné les choses dans tous les sens. J'ai pensé à vous et puis aussi un peu à moi, c'est vrai. Parce qu'en parler, ça rend tout cela un peu trop réel et ça c'est trop dur. Une partie de moi se refuse encore à croire que c'est vraiment arrivé. Après tout, peut-être qu'on nous a drogués et enlevés, ça expliquerait votre amnésie. Tout ça…

— Je t'arrête tout de suite, intervient Elise, le carnet est bien réel et nous n'en sommes pas les seules victimes.

Je pose mon crâne entre mes mains, les coudes en appui sur mes genoux et masse mon cuir chevelu, comme si cela allait m'aider à comprendre.

— Je l'ai brûlé, c'est impossible.

— Tous ses propriétaires finissent par le brûler, c'est ainsi que ça se passe. Il revient toujours et personne ne sait vraiment quand ça a commencé.

Un nœud se forme au creux de mon estomac, alors qu'Elise me parle de ses découvertes.

— C'est une hypothèse, mais voilà ce que je crois. Ce carnet est une porte ouverte sur une sorte de purgatoire. Un côté blanc. Il pousse son auteur à se confier entre ses pages afin qu'il expie. Qu'il arrive à laisser dans le brouillard la colère, la peur, la tristesse. Je pense qu'il se nourrit des émotions négatives exacerbées. Il existe parce qu'il peut absorber ce que provoque la mort en nous, des deuils non faits. Le carnet prend un acompte en piochant dans ses pages et lorsque l'auteur échoue, il garde ce qu'il a pris en compensation de ce dont il n'a pas pu se nourrir. Il troque et joue avec les vivants et les morts. Tu étais la cible parfaite, Solveig. Heureusement, tu as pu laisser ta colère, ta douleur, du côté blanc. Erick, Baptiste et moi étions le prix à payer, car tu as écrit à notre propos sur ses pages. Si tu avais échoué, que tu n'avais pas pardonné, nous aurions été condamnés. Si tu n'avais pas accepté d'y laisser ce qui te rongeait, nous y serions restés.

— C'est ubuesque, réagis-je.

— C'est la réalité, et après ce que tu as vu, tu sais.

— Je sais, mais…

— Alors si tu sais, ouvre les yeux, me demande doucement El'.

Mon amie prend ma main et je m'y accroche comme si ma vie en dépendait.

J'ai fait tomber mes défenses et me retrouve fragile sans toute cette coquille qui me maintenait bien droite. Mais El' est désormais une femme accomplie. Notre histoire lui a permis d'oser se montrer telle qu'elle est. Et sans tous ces artifices qui lui servaient de masque, elle est incroyable.

10 FEVRIER 2024

Elise

Le téléphone sonne, voilà enfin ce coup de fil que j'attends depuis bien trop longtemps.

— Prépare tes affaires, j'ai retrouvé sa trace à Sidney.

— Laisse-moi une heure et je suis prête. Tu me rejoins à la maison ? interrogé-je un Martin surexcité.

Des tas de pensées se bousculent dans ma tête. Parviendrons-nous à convaincre son nouvel auteur de ne pas détruire l'objet de nos recherches ?

Nous avons encore tellement de questions et surtout un objectif, l'arrêter. Il nous reste un peu moins d'un an avant sa prochaine disparition.

Je prépare mes vêtements à la hâte, si bien que je dois attendre Martin afin que nous embarquions direction l'Australie. Nous empruntons un taxi pour nous rendre à l'aéroport et je sens mon ami songeur, ailleurs, durant tout le trajet. Une fois bien installés dans l'avion, il m'attrape la main et la serre un peu fort.

— Je ne savais pas que tu avais peur de l'avion, constaté-je.

— El', je dois de te dire que cette fois-ci, c'est différent.

— En quoi ?

— Tu te souviens que j'ai demandé à un ami d'utiliser la photo que tu avais faite de *The White Side* chez Angus pour lancer une recherche sur tout internet ?

— Oui !

— Nous partons répondre à une petite annonce pour un carnet trouvé…

Mon sang ne fait qu'un tour. Pour la première fois, nous avons un coup d'avance, une chance de le récupérer avant qu'il ne fasse du mal.

— J'ai appelé la fille qui a passé l'annonce, elle nous attend, ajoute-t-il.

**

The Rocks est un magnifique quartier. Je suis émerveillée. Il nous transporte dans une autre époque. Si les voitures n'y étaient pas présentes, je suppose que je demanderais à Martin de me pincer afin de me réveiller.

En bas de l'immeuble correspondant à l'adresse qu'on nous a communiquée, j'attrape Martin par le bras.

— Ne te fais pas trop d'illusions, la dernière fois il nous a filé entre les doigts et…

— Ne t'inquiète pas pour moi, me rassure-t-il.

— Comme tu veux.

— J'ai aussi prévu un torchon pour l'emballer, j'espère que cela suffira à ne pas nous donner une envie frénétique d'écrire dedans.

— Peut-être que nous devrions envisager de partager les temps où nous le gardons, histoire qu'un de nous ne se trouve pas en mauvaise posture, réfléchis-je à haute voix.

— Ne faisons pas de plan sur la comète, si ça se trouve il est déjà en cendres.

Une jeune femme nous ouvre, un grand sourire fend son visage.

**

— Comment avez-vous perdu ce carnet ?

— Il s'est volatilisé, cela fait longtemps que nous le cherchons.

— Je l'ai trouvé au sol devant l'immeuble, j'ai manqué de tomber en m'accrochant les pieds sur lui.

— Il a la fâcheuse tendance de se faufiler où il ne faut pas.

Elle opine du chef et sans même y faire la moindre attention nous tend le calepin. Comme cela, simplement. Sans même imaginer les pouvoirs de cette chose. Je le récupère précautionneusement.

— Il est joli, nous dit-elle, alors que Martin lui glisse un billet dans la main.

— Je n'aurais pas dit cela, répliqué-je, mais après tout, pourquoi pas.

Je replie le torchon autour de lui et le glisse dans mon sac à main.

11 FEVRIER 2024

Solveig

— Solveig, tu as un mail ! me crie Erick, du salon.

Je finis de ranger quelques affaires à l'étage et descends l'escalier pour me rendre devant mon ordinateur.

De : Elise

Objet : The White Side

Salut Solveig,

J'espère qu'Erick et toi allez bien. C'est le cas pour Martin et moi.

Nous sommes à Sidney et je voulais te dire, car je pense que tu voudrais savoir… ça y est, nous l'avons retrouvé, il est dans notre sac.

Nous nous étions rapprochés d'un laboratoire en Nouvelle-Zélande qui pratique des examens sur les objets anciens, les parchemins exposés dans les musées, ce genre de choses. Moyennant finance, nous nous sommes mis d'accord pour qu'ils l'étudient. Nous rentrons donc dès demain pour leur confier.

Je crois que nous avons réussi à le mettre hors d'état de nuire.

Autre chose, j'ai lu ton dernier livre, je l'ai adoré. Il en ressort beaucoup de douceur, et je te sens – entre les lignes – apaisée. Je trouve cela super que tu aies réussi à le sortir sous ton vrai nom. Hein L ?

Tu es bourrée de talent, je te souhaite encore plein de réussite.

Je t'embrasse bien fort.
Elise

Je rabats l'écran devant moi et soupire un « C'est fini ».

FIN

REMERCIEMENTS

Tout d'abord, merci infiniment à vous qui avez ce livre entre vos mains.

L'écriture est une magnifique aventure. J'ai découvert qu'au-delà d'être seule devant mon ordinateur avec mes personnages, elle était un partage et source de rencontres aussi belles les unes que les autres.

À mes éditeurs sans qui ce rêve en serait resté un.

Bien sûr, Guillaume, je ne pourrais jamais assez te remercier pour ton soutien, ta patience et tes conseils qui ont permis de faire avancer ce texte plus loin que je ne l'aurais imaginé. Merci pour nos échanges et ton humour.

Ophélie pour tes retours pertinents, pour y avoir cru et d'un coup de sourire et de douceur avoir rendu cette aventure possible.

Merci aux lecteurs du comité de lecture sans qui ce livre n'en serait pas un.

Comment ne pas remercier Lilou, pour tes nombreuses lectures et ton amitié sans failles. Valérie pour en plus de m'avoir lu être la personne si incroyable que tu es. Caro, pour ton défi et les rires sans compter sur la team coloc avec Willy.

Merci à toi Brice, d'avoir traversé ces presque treize années, leurs épreuves et leurs joies à mes côtés. D'avoir accepté les heures devant l'écran à donner vie à ces personnages. Et pour ces deux merveilleux enfants que nous avons ensemble.

Merci maman, nous ne nous sommes pas connues longtemps, mais tu es présente à tous les instants de ma vie.

Merci papa de m'avoir donné le goût de la lecture, et être toujours là quand il le faut.

Merci Pascale et Anne-Laure. Les familles ne sont pas que de sang... Claudia, Christophe, Béatrice, Gilbert, Patrice, Joëlle, mes grands-parents, papy Jacques surtout pour m'avoir transmis ton amour des livres. Enfin merci à ma famille, je ne pourrai pas tous vous citer.

Merci à mes amis, une pensée particulière pour Marine.

Merci à mes collègues de travail qui sont aussi pour certaines mes amies.

Merci à Mr Marrec et Mme Ortu, de m'avoir donné la possibilité de travailler un jour par semaine sur mes écrits cette année.

Je suis persuadée que je vais avoir oublié au travers de ces mots des personnes que pourtant je n'oublie pas au quotidien, alors je m'excuse.

PRECEDEMMENT CHEZ INCEPTIO

MAIS AUSSI

ELYNA E.C.
LES ARCANES D'HEMERA
TOME 1

Juliette Pierce
EVERLASTING

LYSIAH MARO
HORIZONS

LA DÉRÉLICTION
DE LA
CHAUSSETTE
TROUÉE
Geoffrey Marchand

LIAM FOST
CRY FOR
HELP

SOLINE
ET LE
MONDE DES RÊVES
ABANDONNÉS

Imprimé en France en juin 2019
par l'Imprimerie Maury S.A.S. à Millau (12)

Dépôt légal : juin 2019
N° d'impression : E19/59082A

PEFC 10-31-2774 / Certifié PEFC / Ce produit est issu de forêts gérées durablement et de sources contrôlées. / pefc-france.org